VOYAGE

AU PAYS

DES OSAGES.

TYPOGRAPHIE DE FIRMIN DIDOT FRÈRES ET Cie,
IMPRIMEURS DE L'INSTITUT DE FRANCE,
RUE JACOB, 56.

VOYAGE

AU PAYS

DES OSAGES.

UN TOUR EN SICILE.

Par Louis **Cortambert**.

PARIS,

CHEZ ARTHUS-BERTRAND, LIBRAIRE,

RUE HAUTE-FEUILLE, N° 23.

M DCCC XXXVII.

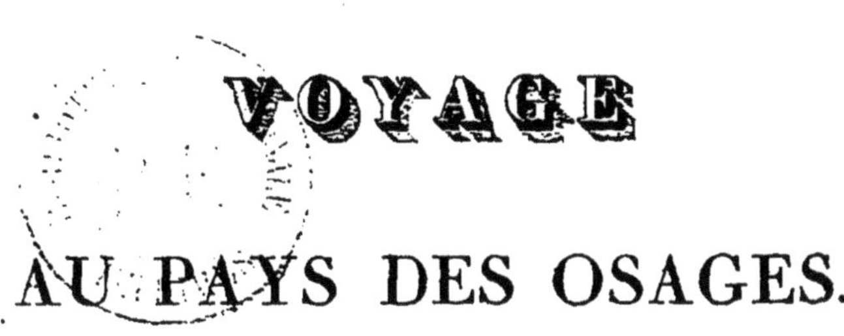

VOYAGE

AU PAYS DES OSAGES.

1835-1836.

Lors de mon premier voyage en Amérique, vous m'avez demandé une relation que je n'ai pas faite. Cette fois je vous préviens. Vous aimez beaucoup les faits; je n'en ai guère à vous offrir. Vous m'avez souvent reproché le manque de connaissances spéciales; je n'en méprise cependant aucune; mais je n'ai d'estime pour les spécialités qu'en vue de la plus haute généralisation possible de la pensée. Un aperçu à vol d'oiseau, et non des descriptions, c'est tout ce que vous pouvez attendre d'un homme qui a parcouru les États-Unis avec la rapidité d'une flèche, et qui n'a séjourné que dans une paroisse écartée de la Louisiane et dans les déserts arrosés par l'Osage.

La poésie dort au fond de nos âmes; le langage de la nature extérieure la réveille. La parole des poëtes a bien quelque puissance; mais c'est au milieu de l'Océan qu'il faut venir chercher le mugissement des tempêtes et le spectacle de l'infini.

Après six semaines de traversée, nous nous extasions comme des enfants devant un arbre, un tertre de gazon. Le médecin du lazaret nous permet de descendre, à nous passagers de la chambre, aristocratie du bâtiment. Quant aux cent soixante-dix-sept Allemands entassés dans l'entrepont, ils sont misérables, et par conséquent suspects : trois jours de quarantaine. Ces émigrants sans nombre, qui viennent demander leur pain à l'Amérique, se répandent en partie dans les villes, où ils forment une classe méprisée, en partie dans les campagnes, où ils deviennent, pour la plupart, des colons industrieux.

On a comparé la baie de New-York à la baie de Naples; mais elle est plus étroite; les terres qui l'entourent n'ont rien des formes hardies et capricieuses des montagnes de Sorrente et de Capri; pas une échappée de vue sur la haute mer; pas de Vésuve qui fume à l'horizon.

La ville est bâtie sur une langue de terre resserrée entre la rivière du Nord ou Hudson et la rivière de l'Est, nom donné au bras de mer qui sépare Long-Island du continent. Une rue large et longue, assez mal tenue, sauf les trottoirs; des rues plus petites et plus mal tenues; quelques *squares* verts emprisonnés dans des grilles; des quais étroits, sales et encombrés, bordés de mille navires; des maisons de briques, à la couleur maussade; le tout surmonté de clochers de bois blanchi, voilà New-York. C'était un dimanche; la ville marchande et remuante était morne et silencieuse. Il y a peu d'années encore, on barricadait les rues pendant les offices, surtout à Philadelphie.

Le moi humain est haïssable (*Pascal*). C'est pourquoi les étrangers aiment si peu les Américains. Dans toute la personne d'un Américain se lit la prétention au titre de *gentleman* ; mais il boit et mange, fume, chique, crache, bâille, s'étend dans toute sa longueur, s'endort, sans se douter que vous êtes là. Pour peu que vous soyez Français, vous vous croirez vingt fois insulté par un homme qui viendra ensuite vous adresser la parole le plus civilement du monde.

Allons, le soir, respirer l'air de la mer à la Bâterie, promenade située à l'extrémité de la langue de terre; mais la foule nous en chasse, et, à défaut de la foule, les fusées et le bruit d'une musique insipide qui partent ensemble du Castle-Garden, fort converti en lieu de plaisance. J'y retourne de grand matin pour être seul; je trouve beaucoup de gens du beau monde. Heureux ceux qui aiment l'air matinal! Mais c'est plus encore l'amour des affaires que de l'air pur qui met de bonne heure les Américains sur pied. «On déjeune à dix heures? demandais-je à mon hôte. — Non, à sept heures et demie. »

J'aurais voulu m'embarquer dans un des splendides bateaux à vapeur qui remontent à Albany, pour me rendre de là, par le canal d'Érié, au lac de ce nom et aux chutes du Niagara. J'aurais voulu entendre encore une fois cette voix tonnante des déserts, et faire participer mon jeune compagnon de voyage au ravissement d'un spectacle sublime. Mais nous n'étions pas venus en Amérique pour nous promener. Droit à l'ouest. Un bateau à vapeur, une voiture à vapeur, noùs transportent à Philadelphie. Les quais sont hideux. Dans les rues, propreté, netteté, monotonie, interrompue seulement par quelques arbres. Quand j'arrive dans une ville nouvelle, je commence par me perdre pour me retrouver. A Philadelphie, c'est impossible : les rues longitudinales n'ont d'autre nom que leur numéro d'ordre, à partir de la Delaware ou du Schuilkill. Il n'y a pas plus d'architecture qu'à New-York : quelques temples grecs pour les banques, un château gothique pour le pénitentiaire, sont ce qu'il y a ici de plus original. Je n'ai vu qu'un monument dans les États-Unis ; c'est le Capitole à Washington. Mais si les Américains n'ont pas le génie de l'architecture monumentale, ils ont celui de l'architecture navale. On construit à Philadelphie probablement le plus grand vaisseau du monde ; il est à quatre ponts et a cent soixante canons. Le musée possède un squelette de mammouth. Ne pensez pas à des objets de beaux-arts.

L'esprit quaker, qui a présidé à la fondation de cette ville, n'a pas cessé d'y régner. Tout est tiré au cordeau, les rues, l'esprit, les mœurs. Les mille sectes auxquelles le protestantisme a donné naissance, font assez bon ménage ici comme dans le reste des États-Unis; mais elles s'unissent pour déclarer la guerre aux catholiques; ce qui n'empêche pas ceux-ci de faire des progrès. Rien n'égale l'outrecuidance avec laquelle les protestants traitent l'église dans laquelle s'est conservée sans interruption la chaîne des traditions chrétiennes. Ils la taxent d'idolâtrie. Cette imputation peut avoir quelque chose de vrai; mais qui empêche de la rétorquer contre ces pharisiens du christianisme?

Prenez la carte de Pensylvanie. La vapeur nous entraîne sur un *rail-road*, qui passe à Lancaster et s'arrête à la Susquehannah. Là, nous quittons cette allure foudroyante pour la navigation assoupissante d'un canal. On suit les rives du fleuve, qui déroule sur des rochers sa nappe immense; les coteaux agrestes sont hérissés de pins et de cèdres. Le canal passe à Harrisburg, capitale politique de la Pensylvanie, devient latéral à la Juniatta, et s'enfonce dans les gorges sauvages des monts Alleghany. A Holydaysburg, on reprend un chemin de fer pour traverser cette chaîne. Des machines à vapeur, fixées de distance en distance, nous hissent rapidement, au moyen de câbles, jusqu'en haut du col; on descend avec plus de lenteur. En bas des montagnes, à Johnsville, on s'embarque de nouveau sur un canal, qui conduit à Pittsburg.

Nous voilà dans le monde du Mississipi, à la tête de l'Ohio, l'un des tributaires du roi des fleuves. De ce côté, c'est Pittsburg qui commande l'entrée de cet immense bassin, Pittsburg, la reine de l'industrie américaine, reine par la houille et par la vapeur. Je disais un jour qu'il y avait plus d'industrie dans les États-Unis qu'en France; vous vous êtes récrié. Nous ne nous entendions pas : je voulais dire, plus d'esprit industriel; vous vouliez dire, moins de produits. En matière de commerce et d'industrie, on ne peut pas être plus mesquin, plus méticuleux que les Français. Ils réalisent parfaitement le type *épicier*. Les Américains ressemblent à leurs machines à vapeur : infatigables et impassibles, ils produisent des effets immenses, jusqu'à ce qu'ils se brisent.

Traversons ce nuage de fumée pour nous embarquer sur un des *steam-boats* qui descendent l'Ohio. Ici, la construction de ces bateaux n'est pas la même que dans l'Est. La longueur des voyages nécessite une chambre plus commode et plus aérée; celle-ci, au lieu d'être sous le pont, se trouve dessus. Cette disposition nuit à l'élégance de la forme; cependant c'est aussi un spectacle pittoresque que celui de ces châteaux flottants au milieu des forêts primitives. Dans l'Ouest, les machines sont généralement à haute pression; les accidents sont beaucoup plus fréquents; mais qu'importe ! il faut qu'un Américain arrive ou se casse le cou.

On a dit des anciens qu'ils passaient leur vie sur la place publique ; les Américains passent une bonne partie de la leur dans les hôtels et sur les steam-boats ; là s'entretiennent les mœurs républicaines. En France, la république est dans les livres, non dans les mœurs ; l'ouvrier se tient toujours à une distance respectueuse du *Monsieur*. Ici, l'artisan du plus bas étage est un *gentleman* comme un autre ; et s'il a de quoi payer, il s'assied à table d'hôte à côté du millionnaire. La table d'hôte, fait qui paraît être d'une médiocre importance, est en réalité, dans ce pays, le symbole du républicanisme américain. Au plus actif la meilleure place, au plus industrieux les meilleurs morceaux. Il y a cependant une place réservée, c'est pour les dames ; car les Américains sont très-galants sans en avoir l'air. Ne pensez pas que je plaisante : en France, on se moque des femmes ; ici on les respecte. En France, le mariage est un marché ; ici, c'est la seule chose qui n'en soit pas un. Ici, un homme ose paraître le mari de sa femme, et il daigne porter ses enfants dans ses bras.

L'Ohio, qui se forme à Pittsburg, par la réunion de l'Alleghany et de la Monougahela, est très-large dès son origine ; son nom, dans une langue indigène, signifie la belle rivière, et beaucoup de Français lui conservent cette dernière dénomination. A droite, nous voyons s'élever la petite ville d'*Économie*, entourée de campagnes bien cultivées; communauté florissante d'Allemands, dirigée par l'autocrate Rapp. A gauche, Wheeling, avec sa mine de houille. Portsmouth est à l'entrée d'un canal qui va déboucher dans le lac Érié. Cincinnati, ville principale de l'État d'Ohio, est aussi la plus grande qui soit baignée par cette rivière. Vous en aurez entendu parler comme d'une ville charmante. Il est certain qu'elle est commerçante et industrieuse. On peut en dire autant de Louisville, dans l'État de Kentucky. Une lieue au-dessous, à Shipping-port, s'arrêtent ordinairement les grands bateaux qui remontent de la Nouvelle-Orléans; les rapides qui sont immédiatement au-dessous de Louisville, leur opposent une barrière difficilement surmontable : la descente n'est pas sans danger. Maintenant nous pouvons dire adieu aux villes; les villages deviennent plus rares, les fermes plus agrestes. Un champ nouvellement défriché offre un aspect très-désagréable; c'est celui des squelettes d'arbres qui se dressent à sa surface. La maison du colon est d'une construction simple et expéditive : des pièces de bois brutes, placées horizontalement, s'élèvent les unes au-dessus des autres, de manière à ce que celles qui forment un mur soutiennent celles du mur contigu, et réciproquement. Les interstices sont bouchés à peu près avec des morceaux de bois et de la boue.

Des rochers, des coteaux, des vallées mysté-
rieuses, des forêts sans fin.... Qui m'empêche de
descendre dans ce paradis terrestre? mais ce soir
le prestige serait détruit. J'ai admiré les chefs-
d'œuvre du génie humain, et cette admiration m'a
lassé. J'ai gravi les cimes neigeuses, d'où je do-
minais le monde par le regard et par la pensée,
et j'ai voulu redescendre. J'ai contemplé la nudité
terrible des mers, et j'ai voulu revoir le rivage.
Je me suis enivré du mugissement des cataractes,
et j'ai poursuivi ma route. J'aspire les brises parfumées de la solitude, et je passe, je passe sans retour. Tout cela est sublime, et tout cela est vanité.
Mais ces images évoquent du fond de mon âme
une image de beauté voilée, insaisissable, une
image vivante qui me ravit au delà des limites de
ce monde et me sauve de la mort.

L'Ohio a environ trois cents lieues de cours;
il n'est guère moins large que le Mississipi, dans
lequel il se jette à quatre cents lieues au-dessus
de l'embouchure de celui-ci. L'Ohio trace une limite morale remarquable : à droite, c'est un crime
d'avoir des esclaves; à gauche, cela est très-légal.

Nous remontons à Saint-Louis. Cette ville, d'a-
bord toute française, maintenant toute anglaise,
a beaucoup de maisons de pierre, ce qui est à
peu près unique dans les États-Unis. Elle est mal-
propre; ce n'est pourtant pas faute de balayeurs,
j'entends dire des pourceaux; car c'est un usage
assez général, en Amérique, de laisser errer dans

les rues un grand nombre de ces animaux; je pense que c'est par mesure de propreté.

Saint-Louis est le siége d'une des plus riches compagnies de commerce du nouveau monde; c'est la Compagnie américaine des fourrures (*American fur Company*), composée de créoles. Elle s'est acquis par sa propre puissance le monopole de la traite des fourrures et des pelleteries avec toutes les tribus indiennes qui demeurent à l'ouest des États-Unis.

J'avais craint de ne pas trouver de bateaux à vapeur pour remonter dans le Missouri; il y en a cinq ou six pour desservir les villages situés sur cette rivière jusqu'à la limite de l'État. La Compagnie des fourrures envoie elle-même, tous les ans, un steam-boat jusqu'à la rivière Roche-Jaune ou *Yellow-Stone*, environ sept cents lieues au-dessus de Saint-Louis; j'étais décidé à me rendre là, mais le bateau était parti.

Nous luttons contre le courant terrible du Missouri, contre les arbres énormes qu'il entraîne. Je cherchais les fameuses prairies; mais elles sont séparées de la rivière par des forêts continues. Les Français sont les premiers explorateurs et les premiers colons de ce pays, comme de tout le bassin du Mississipi; mais l'activité mercantile des Américains a généralement pris le dessus. Jefferson--city, sur la rive droite, *cité* d'une douzaine de maisons, est la capitale convenue de l'État de Missouri, dont Saint-Louis est la capitale réelle. Cette contrée est plus peuplée qu'elle ne le paraît : beaucoup de fermes sont à une certaine distance de la rive, où leur existence n'est révélée que par des chantiers de bois disposés pour les bateaux à vapeur ; plusieurs petites villes s'élèvent à deux ou trois milles de la rivière ; ainsi Lexington, Liberty, et enfin Independence, la dernière de toutes. C'est là que nous nous arrêtons.

Nous arrivions aux confins de la civilisation ; mais c'est la limite même que nous voulions franchir. Nous nous assurons donc d'un homme avec une voiture, et après nous être munis de quelques provisions et des instruments les plus utiles, nous nous acheminons vers le territoire des Indiens indépendants ou supposés tels. Enfin, la prairie déroule devant nous ses ondulations sans fin, comme celles de l'Océan. Il me semble que je respire un air plus libre. Mais il y a encore là des lignes géométriques et politiques, pures abstractions qui ont des résultats très-matériels. Nous passons la frontière, et je m'endors soulagé dans la prairie, au bruit lointain d'une danse de sauvages. Le lendemain, nous traversons le Kansas ou rivière des Kans, à Ferry-town, petit village d'Indiens, dans un bac conduit par l'un d'eux. Nous suivions la route qui conduit au fort *Leavenworth*, sur le Missouri, à une trentaine de milles au delà de la limite. Un homme qui en venait, un je ne sais quel agent du pouvoir légal, nous barre le chemin, et nous demande si nous n'avions pas de contrebande. « Je ne crois pas. — Avez-vous un passe-port? — Ce mot est tout à fait nouveau pour moi en Amérique. — Où allez-vous? — A l'Ouest. — Pourquoi faire? — Pour voir le pays. — Pourquoi encore? — Pour le connaître et pour y rester, si bon me semble. — Vous devez connaître les lois des États-Unis, qui défendent à un blanc, quel qu'il soit, de s'établir sur le territoire indien. Si c'est pour faire le commerce, vous pouvez obtenir une licence; si vous voulez faire une partie de chasse, on vous permet d'y aller; mais ne pensez pas à y demeurer. » Nous poursuivons notre route, et nous nous égarons au milieu de quelques villages de Shawnees ou Chaouanons, suivant la prononciation française. Les hommes savent généralement parler anglais; mais nous n'en trouvions pas; et les femmes, avec leur figure enluminée de vermillon, ne répondaient qu'en nous riant au nez. J'avais eu le temps de réfléchir aux observations de l'agent; et, me souciant assez peu de chercher une retraite, pour me voir au premier jour débusquer par une escouade de dragons; peu engagé, du reste, par la physionomie froide et inhospitalière des Indiens que j'avais vus jusque-là, je me décidai à retourner sur mes pas. Nous retrouvâmes l'homme du gouvernement, occupé à distribuer les annuités aux Shawnees, aux Delawares ou Loups, et à quelques autres tribus. Les annuités sont des indemnités payées pendant un certain nombre d'années aux sauvages, pour les terres dont on les a priés de se retirer. Les Shawnees viennent des bords de l'Ohio; les Delawares, des bords de la Delaware, en Pensylvanie. On leur communiquait préalablement les lois que le congrès américain veut bien leur imposer. L'introduction du vin et des liqueurs fortes parmi eux est particulièrement défendue. Les pauvres gens accueillaient chaque nouvelle clause par des acclamations.

Nous voilà donc de retour à Independence, en pension chez l'excellent homme qui nous avait accompagnés avec sa voiture dans notre excursion; non qu'il n'y ait une auberge dans le village; il y en a une, je vous assure, et des plus pleines. Il y a même, c'est-à-dire, il y avait un spectacle : une troupe ambulante s'était hasardée jusqu'à ces colonnes d'Hercule de la civilisation.

Cependant il fallait faire quelque chose. Faute de pouvoir arroser de mes sueurs une terre libre, je me résignai à acheter quelques acres de terre du gouvernement. Cette terre se vend à raison d'un dollar et quart l'acre, à moins qu'il n'y ait un compétiteur; et dans ce cas, elle se vend à l'enchère. Les donneurs de conseils ne me manquaient pas, non plus que les faiseurs de questions; car l'Américain est essentiellement interrogateur. La série de questions qu'il me fallait et qu'il me faut encore maintes fois subir, est celle-ci : Êtes-vous de ce pays? D'où venez-vous? Avez-vous vu le vieux la Fayette? Où allez-vous? Quel est votre

genre d'occupations? Êtes-vous marié? On m'a-
dressa aussi deux ou trois fois une question que
je ne comprenais pas trop : N'êtes-vous pas des
Mormons? Je répondis non à tout hasard; bien me
prit de ne pas répondre oui. Les Mormons sont
une secte religieuse que je ne sais quel instinct
poussait aussi vers l'occident. Ils jetèrent les yeux
sur la contrée où est Independence, et résolurent
d'y élever leur ville sainte, la Nouvelle-Jérusalem.
Quelques articles de leur doctrine indisposèrent
les habitants contre eux, notamment l'abolition
de l'esclavage. Mais voici ce qui acheva d'irriter la
population presque entièrement marchande d'Independence : les Mormons, voulant se livrer au
commerce en même temps qu'à l'agriculture,
avaient apporté une quantité considérable de
marchandises; ayant besoin de produits ruraux
pour subsister, ils offrirent aux fermiers des environs leurs marchandises en échange, au lieu d'argent. Les fermiers, trouvant les marchandises
bonnes et à bon compte, allèrent chez les Mormons, et les autres magasins furent négligés. De
là, insurrection générale dans le bourg contre les
nouveaux sectaires. On donna à l'affaire une couleur politique, et les jacksonniens ou démocrates,
qui sont en grande majorité dans le comté de
Jackson, dont Independence est le chef-lieu, or-
ganisèrent une persécution en règle contre les
Mormons. Ces malheureux furent assiégés dans
leurs maisons, lâchement maltraités, et finalement

mis à la porte. Mais ils ne se tinrent pas pour battus; ils reparurent à Independence bien armés et conduits par un chef courageux. Les habitants proposèrent d'entrer en accommodement, si les Mormons voulaient mettre bas les armes. Ceux-ci consentirent. Leurs traîtres ennemis reprirent alors le dessus, et les Mormons se virent une seconde fois obligés d'évacuer la place. Ils se sont adressés au gouverneur de l'État, au président Jackson, pour obtenir justice; le gouverneur, le président, les ont renvoyés à la cour du circuit, composée d'hommes qui ont contribué à leur expulsion. Cependant ils n'ont pas renoncé à la Nouvelle-Jérusalem.

Independence n'a de temple pour aucun culte; mais à défaut de ministre résidant, les prêcheurs ambulants ne lui manquent pas. Le métier de prêcheur est un fort bon métier aux États-Unis. J'entendais un jour des vociférations monotones et continues; c'étaient des prêcheurs presbytériens, que l'on m'engagea à aller entendre. Je fis observer qu'on les entendait passablement de la maison où nous étions, à l'autre extrémité du village; il me fut répondu sévèrement que c'étaient de fort bons prêcheurs. Je me rendis donc à la maison de cour, transformée en temple pour le moment, et je vis dans le tribunal l'homme qu'on entendait de si loin. Ses gesticulations prodigieuses, sa bouche écumante et sa figure ignoble lui donnaient parfaitement l'air d'un homme ivre. Derrière lui se trouvaient quelques individus, qui me parurent être ses acolytes. L'un d'eux, étendu dans toute sa longueur, pleurait et sanglotait. Personne ne faisait attention à cet homme, qui me paraissait fort malade. Comme je me livrais aux réflexions provoquées par un spectacle si affligeant, l'orateur s'arrêta; aussitôt l'homme aux sanglots se leva, et, toujours larmoyant, entonna d'une voix de stentor un hymne sacré. Je compris alors que son émotion était toute morale. Quelques voix chevrotantes de femmes s'unirent plus ou moins à celles des missionnaires. Bientôt le coryphée, cédant aux transports qui l'agitaient, se jeta dans les bras de son collègue l'orateur, et ils confondirent pendant quelques minutes leurs chants et leurs sanglots. Cette scène était d'autant plus pathétique que l'embrassement est une cérémonie plus étrangère aux mœurs américaines; elle contrastait singulièrement avec les mines longues et flegmatiques de l'auditoire. Je sortis de là moins presbytérien que jamais. On a reproché aux Français de n'avoir que du goût; ce serait un grand malheur de n'avoir que du goût, mais c'en est un fort grand aussi de n'en point avoir.

Les terres du Missouri sont d'une fertilité extraordinaire. Le maïs, dont la culture est ici la plus importante, rapporte au moins cinquante et souvent jusqu'à cent pour un; le froment, de trente à cinquante. Je pensais à asseoir ma cabane sur des rochers qui bordent le Missouri : on me

dit que les fièvres étaient plus à craindre au bord
de l'eau. Un bon fermier, qui voulait bien me témoigner quelque intérêt, me demanda si j'écri-
vais couramment; sur ma réponse affirmative, il
m'assura que je pourrais gagner de l'argent d'une
manière beaucoup plus facile comme clerc dans
quelque bureau. Ses questions l'ayant conduit à
reconnaître que j'étais un *scholar*, un lettré, la
résolution où il me voyait de travailler de mes
propres mains, le jetait dans un étonnement sans
bornes. Il me fit voir une place dans les bois, à
côté de la sienne. J'étais décidé à m'arrêter là,
quand je fis la connaissance d'un Français, qui
demeure sur les bords de la rivière Osage, à une
trentaine de lieues au sud d'Independence. Là,
quoique dans les limites de l'État, les terres ne
soint point encore arpentées et mises en vente;
il n'y a pas encore de comté organisé. Quelques
jours après, nous étions en route dans la prairie,
pour nous rendre auprès de notre nouvelle connaissance; en route à pied, objet d'étonnement et
de pitié; car ici le dernier des misérables a un
cheval pour le porter; les sauvages seuls daignent
quelquefois faire usage de leurs jambes. Nous suivions paisiblement la route de la caravane qui se
rend annuellement de Saint-Louis à Santa-Fe,
dans le Nouveau-Mexique, quand un homme, que
j'interrogeai, nous fit apercevoir de notre erreur.
Il fallut regagner notre chemin à travers la prairie, dans des herbes souvent plus hautes que

notre tête, et sans autre guide que le soleil. On trouve de loin en loin quelques bois le long des rivières, et des fermes où l'on reçoit l'hospitalité pour quelques sous. Ces petites colonies isolées au milieu des déserts se composent ordinairement d'un homme, d'une femme et d'une douzaine d'enfants. L'Anglo-Américain, dans cet état demi-sauvage, n'oublie pas qu'il est citoyen de la République, et il reçoit le voyageur avec autant de dignité que pourrait le faire le président des États-Unis. Nous prenons place à table. Le père de famille fait précéder le repas d'une prière à haute voix. Le pain de maïs, le lard, les pommes de terre et quelque pâtisserie improvisée reçoivent les assauts de notre appétit. Un café détestable est une boisson peu rafraîchissante après une journée de marche sous un soleil brûlant. Quelques tasses de lait nous conviendraient mieux; mais on ne peut pas supposer que nous ayons un goût si absurde. Une baraque de bois (*log-house*), à un seul compartiment, sert d'asile à toute la famille et aux hôtes qui peuvent survenir : le jour, c'est fort bien; mais pour la nuit c'est un pêle-mêle peu agréable. Les Américains ont la mauvaise habitude de coucher sur la plume. J'aurais voulu coucher sur le plancher; mais non, on m'infligeait un matelas de plumes, au mois de juillet, et souvent il me fallait subir la compagnie d'un coucheur incommode, et ses coups de poing et ses coups de pied.

Quand le soir arrivait sans que nous eussions trouvé un asile, égarés dans cette prairie immense, nous ne pouvions nous défendre d'un sentiment de vague terreur. On gravit une colline, dans l'espérance de découvrir quelque habitation; rien : la solitude s'étend de toutes parts. Il faut coucher dans la prairie. Trop heureux encore si nous trouvons quelques broussailles pour faire du feu, afin de chasser la rosée, dans laquelle il faudra nous baigner le lendemain matin. L'homme sauvage, endurci à toutes les privations, instruit par la nécessité à tirer parti de toutes les ressources, peut se suffire à lui-même. L'homme civilisé, puissant par la société, est la plus misérable des créatures, quand il en est réduit à lutter seul contre la nature ennemie. Les deux feraient un homme complet.

La première personne avec laquelle nous fîmes connaissance en arrivant dans le pays arrosé par l'Osage, était un missionnaire presbytérien, qui voulut bien nous permettre de l'accompagner dans sa voiture pendant les derniers milles, jusqu'à Harmony-Mission. Là, nous eûmes le plaisir de trouver une petite auberge tenue par un bon vieillard français, qui nous reçut en vrai compatriote. Cette mission est entretenue par le bureau des missions de Boston, ainsi que quelques autres situées sur les terres sauvages de cette partie de l'Amérique. Il n'y a que deux hommes avec leurs familles, et une femme seule. Les missionnaires étaient plus nombreux; mais plusieurs se

sont retirés pour former des établissements indépendants. Harmony-Mission est à vingt milles de
la frontière osage; du reste les Osages n'entendent
pas l'anglais, et les missionnaires n'entendent
pas l'osage. On y tient une école pour les enfants;
il y en a une trentaine, presque tous métis français. Les missionnaires, soutenus par le bureau,
se tirent aussi d'affaire comme fermiers; l'un
d'eux est de plus excellent charpentier et encore
meilleur meunier; l'autre, d'abord cordonnier,
est aujourd'hui médecin, et, comme tel, il a acquis des droits à ma reconnaissance. Loin de moi
la pensée de dire qu'il ne faut pas porter chez les
sauvages l'exemple de l'industrie et des arts utiles!
mais le prêtre, et surtout le missionnaire, ne doit
pas oublier que son premier devoir est de faire
de sa vie une vie d'abnégation et de sacrifice.

Cette mission va être supprimée.

Harmony-Mission est sur la rive gauche de la
rivière Osage, qui porte encore ici le nom de Marais des Cygnes, parce qu'il y a sur ses bords des
marais fréquentés en hiver par les cygnes. Ce pays
n'est presque plus un désert. La civilisation a
chassé les sauvages devant elle, et déjà elle orga-
nise ici ses petits intérêts, ses petites turpitudes.
Plusieurs individus cherchaient à me vendre, non
des terres, qui, d'après la loi, ne leur apparte-
naient point, puisque le gouvernement ne les a
pas encore mises en vente, mais les améliorations,
les ouvrages faits sur ces terres, et par suite le

droit de préemption. Notre ami français nous garantit des piéges qu'on nous tendait. Du reste,
c'est une place vierge que je voulais, et il y a encore de quoi choisir. Le sol est beaucoup moins
fertile que sur le Missouri. Les bestiaux constituent la principale richesse de la ferme. Ils pais-
sent en liberté dans la prairie; un peu de sel ou de
maïs les habitue, ainsi que les chevaux, à revenir
de temps en temps à l'habitation. Quand l'herbe
des prairies meurt, à l'entrée de l'hiver, ils se retirent au bord de la rivière, dans des terrains d'al-
luvion boisés, où il pousse toujours de l'herbe,
même sous la neige. Toutefois le fermier prudent
fait une provision de foin pour l'hiver. Beaucoup
de gens passent la moitié de leur vie à chercher
leurs animaux. Quoique le cheval ne soit pas
indigène d'Amérique, on s'explique facilement
l'existence des troupes de chevaux sauvages dans
les déserts de l'Ouest. Les moutons sont peu
connus dans ce pays; les Américains préfèrent
les pourceaux. Ces animaux se nourrissent de
noix et de glands, dans les bois; on ne se donne
guère à leur égard d'autre peine que de les mar-
quer et de leur tirer des coups de fusil.

A quelques milles au-dessous de Harmony-Mission, le Marais des Cygnes, qui quitte alors son
nom pour celui d'Osage, reçoit par la rive droite
une rivière dont le nom osage traduit est *Marmiton*. C'est sur cette rivière que nous choisîmes une
place, loin de toute habitation. La nature m'a dé-

parti une complexion molle, paresseuse et lâche; c'est pourquoi il me faut une vie rude, une vie de privations et de périls. Vue de Paris, notre vie aurait pu paraître telle; mais après un travail pénible, je ne dis pas fastidieux, c'est avec trop de sensualité que nous mangions un morceau de pain de maïs, préparé par mes mains, et que nous nous désaltérions dans l'eau claire du Marmiton; c'est avec trop de volupté que nous étendions nos membres fatigués sur la terre, sans autre abri qu'une hutte de feuillage.

La place que nous avions choisie possède des richesses minéralogiques. Il y a de la houille, de la terre glaise, du soufre, du salpêtre. Des pierres lamellées, qui se trouvaient en abondance au bord de l'eau, nous parurent propres à bâtir promptement une petite maison provisoire. Un excellent cheval était compagnon de nos travaux; un chien, un coq et une poule égayaient notre solitude. C'était à la fin d'août; la chaleur était accablante; les pierres noires avec lesquelles je bâtissais me brûlaient les mains. Un jour, en revenant de faucher à l'ardeur du soleil, je sentis le premier accès de fièvre. Laurent me suivit de près. Notre cheval, tout entravé qu'il était, se sauva; le chien, trouvant sans doute la cuisine trop maigre, nous abandonna; le coq mourut; la poule seule resta, venant nous demander quelques grains de maïs, que nous avions à peine la force de lui donner. Une natte de joncs nous séparait de la terre humide; mais notre maisonnette ne s'était élevée qu'à quatre ou cinq pieds, et nous n'avions toujours qu'une cabane de feuillage pour nous garantir des intempéries de l'air. Dans la même nuit, quatre orages terribles se succédèrent sur notre tête; la foudre éclatait autour de nous; des torrents de pluie nous inondaient.

Laurent, beaucoup moins convaincu que moi de la nécessité de souffrir, plus jeune et plus Parisien, éclatait en lamentations. Il implorait Dieu, il appelait la France, il appelait sa mère, il m'appelait moi-même, et je m'efforçais de relever son âme vaincue par la douleur. Les nuits étaient affreuses : la fièvre me dévorait et chassait loin de moi le sommeil; le chat-huant faisait entendre ses horribles bâillements; les loups hurlaient à distance, en se rapprochant de nous; les étranges folies d'un homme en délire à côté de moi faisaient dresser mes cheveux sur ma tête. Un soir, un enfant égaré vint chercher dans notre cabane un refuge contre l'orage qui commençait. Il avait un cheval; je lui représentai en vain qu'il serait moins mouillé en retournant chez lui qu'en restant toute la nuit avec nous; il fallut exercer l'hospitalité à son égard. Je recueillis mes forces, et je lui fis du pain. Laurent, voyant un cheval, n'y tint plus. Le lendemain matin, il prit l'enfant en croupe et partit. Dans la soirée, je vis arriver un pauvre Américain qui, ayant appris l'état dans lequel je me trouvais, venait passer la nuit auprès de moi. Excellent homme!

Nous n'étions restés qu'une vingtaine de jours dans notre *settlement*. De retour à la petite auberge de la mission, nous fûmes soignés par le missionnaire médecin. Nous n'étions pas les seuls malades; je crois ne connaître que deux personnes qui n'aient pas été atteintes de la fièvre. Cette fièvre a pour principal symptôme, dans la plupart des cas, un tremblement violent. Elle règne généralement dans la contrée qui s'étend entre le Missouri et l'Arkansas. Beaucoup de gens l'ont pendant six mois de l'année; d'autres ne la quittent pas. Le résultat le plus funeste qu'elle puisse avoir, est de jeter les malades entre les mains de la médecine américaine : le calomel a bientôt achevé l'ouvrage commencé par la fièvre. Le régime alimentaire en vigueur ici est loin d'être un préservatif : le porc est la base de la nourriture. Cependant le pain de maïs, plus généralement en usage que le pain de froment, passe à juste titre pour très-salutaire. Que dire du café et du thé? L'usage du café, dans ce pays, comme dans le reste de l'Amérique, est tel, que pour exprimer le dernier degré de misère auquel un homme puisse parvenir, on dit qu'il n'a pas un grain de café. Pourquoi cette contrée est-elle malsaine ? elle est ondulée; les marais sont rares; les eaux sont bonnes. Il n'y a pas un demi-siècle, avant les premiers établissements, la fièvre était inconnue ; aujourd'hui les sauvages y sont sujets comme les blancs. On peut donc considérer le mal comme une conséquence des défrichements, qui font sortir de la terre des vapeurs funestes, et qui d'ailleurs mettent une grande quantité de végétaux en état de putréfaction.

Nous allâmes traîner une longue convalescence chez notre ami français. Les rechutes continuelles de Laurent m'alarmèrent ; je ne pouvais moi-même parvenir à recouvrer mes forces ; je me décidai à retourner en France. Mais j'avais brûlé mes vaisseaux ; il fallait en faire venir d'autres : je les attends encore.

Au commencement de l'hiver, deux Français, arrivant de Paris, vinrent faire une agréable diversion à notre solitude. Ils allaient à la chasse aux buffles (bisons, veux-je dire). Je n'avais ni le courage ni la force de les suivre. Au mois de décembre, la vie commençait à me revenir, et l'inaction à me lasser. La fièvre me reprenait ; je n'en dis rien à personne, et je partis. Quelques journées de cheval à travers la prairie, et quelques nuits passées dans les bois, me remirent complétement. Les hivers de ce pays sont rigoureux, pour la latitude. Les énormes cours d'eau du Missouri et du Mississipi sont pris par la glace. Le vent qui souffle sur l'immense nudité des solitudes est impitoyable. Malheur au voyageur inexpérimenté que la neige et la nuit surprennent dans la prairie! Je n'eus aucune épreuve de ce genre à subir : j'avais d'habiles compagnons de voyage, et le temps était assez doux.

Dans cette saison, on voit s'élever de toutes parts la fumée des feux qui dévorent l'herbe morte des prairies. Les sauvages ont soin de mettre le feu partout où ils passent. Nous nous donnions aussi quelquefois cette récréation. La flamme, poussée par un vent violent, se propage avec une rapidité telle, qu'un homme à cheval ne saurait lui échapper. Nous nous arrêtions le soir dans quelque bois, au bord d'une rivière. Là, un peu d'herbe pour nos chevaux, et pour nous de l'eau et un abri contre le vent glacial. On choisit une place convenable pour camper; car encore faut-il, par exemple, ne pas se trouver dans une mare en cas de pluie, ou n'être pas réveillé trop brutalement par un arbre tombant de vétusté. Un feu monstre est bientôt allumé. On tire les provisions des bissacs, quelques biscuits et du lard, ou de la viande desséchée de bison. Le tripotage fini, chacun prépare son lit devant le feu, avec deux ou trois couvertures dont il a eu soin de se munir, la selle servant d'oreiller. Viennent les histoires plus ou moins sinistres de campements surpris par les Peaux-rouges ou attaqués par les bêtes féroces. Je me retourne à moitié endormi, et je crois voir briller dans l'ombre les yeux d'une panthère ou d'un sauvage. Nos chevaux sont entravés, et l'un d'eux porte une clochette pour rallier les autres, et nous indiquer où ils sont. Si nous dormons trop tard, ils ont eu le temps de paître, de se reposer et de s'ennuyer; alors ils décampent, et le plus habile de nous se mettra sur leur piste.

La pluie et la fonte des neiges sont choses sérieuses dans des voyages de ce genre. Les rivières se gonflent, et l'on ne peut plus les traverser aux gués accoutumés. Il faut alors camper en attendant que l'eau s'écoule, ou faire un détour considérable. Dans les endroits habités, on trouve quelquefois le luxe d'un canot, embarcation faite d'un tronc d'arbre et aussi exiguë que possible. Le cavalier s'embarque avec sa selle, et le cheval passe à la nage. J'ai vu maintes fois un canot de ce genre servir à traverser les marchandises contenues dans plusieurs grosses voitures, et les voitures elles-mêmes. Les sauvages savent faire un canot avec une peau de bœuf et deux bâtons. Ils en ont rarement besoin pour eux-mêmes; ils savent nager et n'ont pas peur de l'eau froide. Je n'ai pas leur intrépidité; mais mon inexpérience et ma précipitation m'ont valu plus d'un bain dans l'eau glaciale. Un jour j'avais échappé heureusement aux eaux d'une rivière gonflée par la neige fondante, et je m'étais réfugié dans une habitation. Dans la soirée, par un temps affreux, nous entendîmes des cris de détresse. Nous courûmes; les cris s'éloignaient à mesure que nous avancions. Ils cessèrent de se faire entendre ; enfin nous trouvâmes un homme et un enfant évanouis sur la neige. Ces malheureux avaient voulu traverser dans un char attelé de bœufs la rivière à laquelle j'avais moi-même échappé. Mais le char et les bœufs furent entraînés. L'homme se sauva avec l'enfant, et le porta aussi loin que ses forces le permirent. Il l'avait quitté quelques moments, pour venir appeler du secours. Nous les transportâmes dans la maison, où nos soins rappelèrent l'homme à la vie; mais le pauvre enfant ne put être réchauffé.

J'arrive chez les Osages, à une maison de traite, située sur la rive droite du Niocho, dans le village de *Manrinhabatso;* ce qui signifie ni plus ni moins, *celui qui touche au ciel.* Un bruit de tambour et des clameurs étranges attiraient mon attention; on me mène dans la plus grande loge du village; il y a bal public. La danse s'exécute autour d'un feu, qui seul éclaire la salle, sauf un bout de chandelle que la générosité française colle à un pilier. Les femmes, surchargées d'indiennes luisantes, les cheveux épars, les yeux baissés, un paquet de plumes à chaque main, s'avancent en mesure, comme par soubresauts; les hommes, en reculant devant elles, exécutent un pas hardi et guerrier, et poussent de temps en temps des cris saccadés. Deux ou trois hommes chantent en battant une mesure rapide sur un tambour. Ce chant est singulièrement aspiré et convulsif; la nature indomptée s'y révèle dans toute son énergie. Les hommes n'ont pour tout vêtement qu'une pièce d'étoffe au milieu du corps, et la couverture de laine ou la peau de bison qu'ils jettent sur leurs épaules. Ils s'épilent soigneusement la figure, jusqu'aux sourcils, et rasent leur chevelure, en laissant au sommet de la tête une crête de cheveux, qui se termine en arrière par une queue. L'aspect de ces hommes demi-nus, au crâne rasé, à la mine guerrière, cette harmonie étrange de mouvements et de chants, faisaient passer dans mon âme une exaltation sauvage. Autant le sublime est au-dessus du beau, autant la voix mâle des guerriers l'emporte sur la voix douce des femmes. Ce peuple croit à la musique et à la danse; à Paris on n'y croit pas. Mais il y avait là des Français qui riaient; deux Nègres, race de baladins, qui se mêlaient à la danse. Je sortis. Le lendemain je fus réveillé longtemps avant le jour par des lamentations : c'était un Osage en deuil qui pleurait. Ces lamentations sont un hymne de douleur adressé au *Ouacanda* (maître de la vie). Un Osage en deuil laisse croître ses cheveux, barbouille sa figure et son corps de boue, et ne mange pas tant que le soleil est sur l'horizon.

Les cabanes présentent généralement la forme d'une demi-sphère; elles sont faites avec des nattes de joncs, soutenues par des perches recourbées, et souvent couvertes avec des peaux. Un Osage peut rouler sa maison et la mettre sur le dos de son cheval. Il y a des cabanes à demeure, d'une forme oblongue, et beaucoup plus grandes. Le *village qui touche au ciel* n'est qu'une dépendance d'un autre village situé à deux lieues au-dessous, également sur la rive droite du Niocho, et qu'on désigne ordinairement par le nom du grand chef qui y réside, les *Cheveux blancs*. On trouve sur la même rivière, en remontant, deux autres villages, celui du *Cœur tranquille* et celui des *Petits Osages*, ainsi nommés pour les distinguer de la bande principale. Leur chef reconnaît la suprématie des *Cheveux blancs*. Au sud-ouest, sur la rivière Vert-de-gris, sont deux bandes, celle de la *Grosse Côte*, au nord, et celle de la *Chénière*, au sud. Leur chef *Créman*, connu des Français sous le nom de *Clermon*, est indépendant. Il y a beaucoup de chefs secondaires. La dignité de chef est héréditaire, aussi bien que le nom, et passe de mâle en mâle, par ordre de primogéniture. L'autorité qu'elle confère est presque entièrement subordonnée à la considération morale dont jouit l'homme qui en est revêtu.

Il y a une aristocratie bien autrement puissante; c'est celle des partisans. On nomme ainsi ceux qui ont le droit de conduire un parti en guerre. Cette noblesse s'acquiert sur le champ de bataille; elle est aussi héréditaire. Les Osages sont aujourd'hui en paix avec leurs voisins, même avec les Pânis, leurs plus fameux rivaux. Le caprice d'un partisan peut rallumer la guerre. Celui que prend cette fantaisie de guerroyer, se met en deuil, jeûne et pleure : c'est un appel aux braves. Ou n'exerce pas de cruautés envers les prisonniers; ils sont réduits à une servitude assez douce. En parlant des dignitaires osages, on ne doit pas oublier le marmiton, personnage important dans chaque village. Dans le temps où je me trouvais là, on commençait à revenir de la grande chasse d'automne; c'était une époque de réjouissances. Le marmiton, revêtu d'un vieil habit français galonné, se montrait à la fois sur tous les points du village, proclamant le nom de ceux qui lui faisaient des présents pour contribuer à quelque gala, criant dans chaque loge les invitations au bal... Le marmiton a droit d'indiscrétion et d'insolence; le marmiton sait tout ce qui se passe; le marmiton est la gazette du village.

Les Osages sont guerriers, hospitaliers et voleurs; ivrognes, depuis que les Américains leur ont fait connaître le wiskey ou eau-de-vie de grains, qu'on trouve toujours moyen d'introduire parmi eux, malgré la loi. Les Français leur ont communiqué une maladie non moins funeste. La femme est peu respectée. La polygamie n'est pas rare. Les hommes font la guerre, chassent, tiennent des conseils et fument. Les femmes suivent les hommes à la chasse, portent les fardeaux, coupent le bois, récoltent quelques épis de maïs, et s'acquittent des fonctions les plus pénibles de la vie commune. Celles qui sont unies à des blancs, se distinguent par l'activité, l'industrie, l'esprit d'ordre et de netteté; mais elles leur sont beaucoup moins soumises qu'aux maris de leur propre couleur. Les individus d'origine française contractent volontiers de ces sortes d'unions, pour lesquelles la race anglaise professe un grand mépris. La femme indienne est flétrie en anglais du nom de *squaw*, que vous traduirez comme vous voudrez.

Les Osages détestent les Américains, qu'ils appellent *Manhitanga* (Grands Couteaux). Ils aiment les Français, auxquels ils donnent le nom d'*Ichetarin*, c'est-à-dire *Poil aux yeux*, parce que nous laissons croître nos sourcils. Ils sont très-affables : j'avais une quantité prodigieuse de poignées de mains à recevoir. Qu'ont-ils gagné au voisinage des blancs? trois ou quatre maladies, autant de vices, la perte de la plus belle partie de leur territoire, l'extinction de la moitié de leur race : ils ne sont plus que sept ou huit mille. Il faut aussi attribuer à l'arrivée des blancs la disparition des bisons, qu'on chassait encore il y a trente ans aux environs de Saint-Louis, et qu'on ne trouve plus maintenant qu'à deux ou trois cents lieues à l'ouest de cette ville. Le castor a également disparu de ces contrées; la loutre se trouve encore. L'ours est devenu rare. Le daim, que les Français de ce pays appellent chevreuil, et le chat sauvage (en anglais *rackoon*) forment la plus grande richesse des Osages, qui se nour-

rissent de la chair, et apportent les peaux à la maison de traite, où ils trouvent en échange, des
carabines, des casse-tête, des munitions, des couvertures, des indiennes, des pendants d'oreilles,
du vermillon et autres niaiseries. Ils ne chassaient
autrefois que pour leurs besoins ; maintenant ils
détruisent les animaux, pour s'enrichir par le commerce des pelleteries. Le miel sauvage, délicieux
et très-abondant dans les bois, est encore une
légère ressource pour eux. Quelques-uns font du
sucre d'érable. On en tire aussi d'une espèce de
platane et d'un noyer très-commun, dont le nom
anglais, *hickory*, est devenu célèbre comme le sur-
nom de Jackson. Le gouvernement leur paye des
annuités pour le territoire pris, et entretient chez
eux un armurier et un forgeron, sans doute pour
les engager à se livrer à l'agriculture. Il faudra
bien qu'ils prennent tôt ou tard ce parti, ou qu'ils
meurent de faim. Les presbytériens de Boston
leur ont envoyé des missionnaires, qui les ont
laissés tels qu'ils les ont pris. Ces sauvages sont-
ils condamnés à une enfance éternelle? Ils sont
perfectibles, comme tous les hommes; mais il
leur faudrait sans doute d'autres missionnaires
que des presbytériens, des chasseurs, des marchands, et une autre providence terrestre que le
gouvernement américain. S'ils ne peuvent s'élever
tout d'un coup à la vie agricole, ce fondement de
toute société organisée, ne pourraient-ils passer
par la transition de la vie pastorale, comme

presque tous les peuples? Mais ne vaudrait-il pas mieux laisser ces sociétés dans l'enfance? c'est ce qu'on s'est efforcé de faire jusqu'ici, en les séquestrant. Il y a dans l'homme des germes de vertu qui ne doivent pas rester stériles. Nous pouvons admirer les qualités de l'enfance; mais l'enfance perpétuelle est une ignominie. L'homme individuel et la société humaine sont appelés à devenir la plus haute manifestation possible de Dieu, c'est-à-dire, de la perfection immuable. Je sais que nos vieilles sociétés corrompues n'offrent pas de brillants modèles; mais ce n'est pas l'exemple de notre dépravation qu'il faut donner aux Indiens, comme on l'a fait jusqu'ici. Travaillons à nous rendre tous meilleurs, nous-mêmes d'abord, et puis les sauvages, qui sont nos frères.

Il est aisé de faire des études de phrénologie sur le crâne rasé des Osages. Ce crâne est généralement très-développé dans la partie inférieure; là paraissent être les organes des instincts qui nous sont communs avec les animaux. Le crâne se termine d'une manière plus aiguë que dans la race blanche, et par conséquent la région supérieure du cerveau est moins développée; ce qui indiquerait infériorité de facultés métaphysiques. Les protubérances temporales sont très-remarquables; ce qui a été reconnu comme l'indice de l'aptitude musicale. Le cervelet est très-développé; c'est l'organe du courage animal. La partie supérieure de l'occiput, où l'on a placé la philogéniture, est singulièrement déprimée. Les femmes ont soin de coucher leurs enfants sur une planche, de manière à opérer cette dépression, qui est regardée comme une beauté. Je lis dans l'Anatomie de Sabatier, qu'il est absurde de penser qu'une modification permanente de la forme du crâne puisse avoir lieu, parce que, dit-il, la diminution de volume du cerveau serait capable de donner la mort à l'enfant. Mais le crâne ne peut-il pas gagner dans un sens ce qu'il a perdu dans un autre, de manière à ce que le volume du cerveau ne soit pas diminué ?

Je vis deux des Osages qui sont allés à Paris, il y a une dizaine d'années, une femme et un homme. Ils ont conservé un souvenir bienveillant de la France, quoiqu'ils n'y aient pas toujours été fort bien traités. L'homme qui les avait conduits fut arrêté pour dettes, et ces malheureux se trouvèrent sans guide et sans ressource. Comme ils ne pouvaient payer les dépenses de leur hôtel, l'hôte saisit leurs effets. Le *Petit Chef*, qui me racontait cela, a perdu de cette manière six malles : il m'a prié de faire des démarches pour les recouvrer ; mais je lui ai fait comprendre que tout avait dû être vendu. C'est ainsi que des sauvages ont reçu l'hospitalité chez le plus civilisé de tous les peuples.

Je quittai les Osages (*Ouachaché* dans leur propre langue), pour me rendre chez les Chéroquis (Cherokees, suivant l'orthographe anglaise).

Ce peuple habite des terres au sud-est des Osages;
il a été transporté ici de la Géorgie et de la Caro-
line du Sud, où une grande partie de la nation
se trouve encore. Ils sont presque tous métis, et
ont généralement adopté le costume européen et
la langue anglaise, sans renoncer à la leur. Ils
bâtissent des maisons à la manière des blancs, et
se livrent à l'agriculture. Ils se sont donné une
constitution analogue à celle des États-Unis. Enfin
ils passent pour les plus civilisés et les plus co-
quins des Indiens. Je ne prends pas sur moi la
responsabilité d'un pareil jugement.

J'arrivai à un établissement français, situé sur
la rive gauche du Niocho, près d'un village chéroqui, connu sous le nom de la Saline, parce qu'il
s'y trouve une saline importante. Celle-ci appartient à la nation des Chéròquis, et est exploitée
par l'un d'eux. Les blancs viennent de très-loin
chercher du sel ici. La source est abondante;
mais elle est entre des mains peu habiles.

Des pratiques qui dérivent du christianisme,
ces Indiens ont pris ce qu'ils ont voulu. C'était le
temps des fêtes de Noël. Ils les célébrèrent par de
nombreuses libations de wiskey. Je fus invité à ces
réjouissances, avec les Français dans la compagnie desquels je me trouvais; mais nous jugeâmes
à propos de célébrer la fête d'une manière plus
sobre et plus pacifique.

De là je continuai ma route vers le sud, toujours en longeant le cours du Niocho. Je n'ou-

blierai jamais l'hospitalité charmante que je reçus à Union-Mission, dans la maison de l'un des missionnaires. Je m'y attendais d'autant moins que c'était *le jour du sabbat*, et que nous étions quatorze voyageurs. Si j'étais brouillé avec le peuple américain, trois familles comme celle-là suffiraient pour me réconcilier avec lui.

La mission de l'Union, qui est aussi sur le point d'être supprimée, possède une imprimerie pour la langue des Chéroquis et pour la langue des Creeks. Les sauvages de l'Amérique n'écrivent pas; mais, depuis quelques années, un Chéroqui et un Creek ont inventé, chacun pour sa langue, un système d'écriture. L'imprimeur, qui est un blanc, voulut bien me montrer ses presses et m'offrit un évangile de Saint-Matthieu en chéroqui, et une feuille comprenant l'explication de l'alphabet; celui-ci a quatre-vingt-dix lettres. On a aussi imprimé un livre en langue osage, avec nos lettres.

Le Vert-de-gris se jette dans l'Arkansas presqu'au même point que le Niocho. Dans la partie inférieure de son cours, il sépare le nouveau territoire des Chéroquis du nouveau territoire des Creeks, qui viennent à peu près du même pays que les premiers. Le nom qu'ils se donnent dans leur propre langue, est *Machecouqué*. Il n'y en a ici qu'environ trois mille; la plus grande partie de la nation est encore dans l'est. On parle en ce moment de combats sérieux occasionnés par le refus qu'elle fait de céder ses terres. On demande quelle marche suivrait le gouvernement des États dans le cas d'un refus péremptoire. Les Creeks faisaient un jour une question de ce genre. Il leur fut répondu que c'était dans leur propre intérêt qu'ils devaient s'expatrier; que, quand les nations de l'Ouest seraient assez éclairées et assez civilisées, on les élèverait au rang des États de l'Union. L'État de Mississipi a suivi, à l'égard des Chactas, une politique plus adroite, sinon moins hypocrite : on les a déclarés citoyens. Les pauvres gens, enchantés d'abord, ne tardèrent pas à reconnaître qu'ils n'étaient pas assez habiles pour se tirer d'affaire sous le régime légal. Ils demandèrent à battre en retraite.

Les Creeks sont à peu près au même point de civilisation que les Chéroquis; leur réputation morale est mieux établie. Chez les uns et les autres, l'esclavage des Nègres est consacré.

Le fort Gibson, sur la rive gauche du Niocho, un peu au-dessus de l'Arkansas, est destiné à tenir en respect les Indiens de ce pays. Il est construit en bois, et environné d'une palissade. Avec les maisons qui l'entourent, il présente l'aspect d'une petite ville au milieu de la solitude. Les bateaux à vapeur de la Nouvelle-Orléans remontent jusqu'ici.

Je suis sauvage. Quand j'entends le chant de guerre des Osages, je brise les bandelettes dont la civilisation m'a enveloppé comme une momie,

et je parcours la prairie sur un cheval indompté.
Absurdes l'un et l'autre. L'homme civilisé ne croit
à rien, et se conduit par des usages tyranniques
et un intérêt stupide; l'homme sauvage se laisse
maîtriser par des superstitions bizarres et empor-
ter par des passions sans frein. Ces peuples ont,
comme tous les peuples, un instinct de la grandeur humaine; mais, comme partout, c'est un
instinct souillé et rétréci. Ils pensent qu'après leur
mort ils vont dans un autre village. S'ils meurent
sur le champ de bataille, ils vont dans un village
où ils trouvent beaucoup de chevaux et de gibier.
S'ils meurent de maladie, ils sont relégués dans
un village misérable. Leurs traditions historiques,
très-pauvres du reste, remontent à des fables gros-
sières : quelques familles descendent du castor,
d'autres du bison. — Vous remarquez néanmoins
que ces peuples ne sont point idolâtres. Ils sont
monothéistes. Ils ont des prêtres qui ne se distinguent de la foule que par des prières plus fré-
quentes adressées au Ouacanda. Leurs médecins
connaissent assez bien la vertu des simples; ils
ont des procédés chirurgicaux précieux. Ils sont
en outre jongleurs et sorciers : l'un a des entre-
tiens avec un renard, qui lui révèle les mystères
de la science; un autre tient ses secrets d'un ser-
pent à sonnette... Ce n'est pas pour la femme
de ce pays qu'il paraît avoir été dit : Tu enfan-
teras dans la douleur. Quand une femme osage
vient d'accoucher, elle va se plonger dans l'eau

froide avec son enfant; si c'est en hiver, elle fait un trou dans la glace.

Me voici de retour aux bords de l'Osage. Dans ce pays métis, on parle français, anglais, osage, sans compter la langue des Loups, des Chaouanons, des Ouyas, des Pianquichas, des Patocas, des Arkansas ou Coipas, des Sinéqués, etc., qui viennent de temps en temps nous rendre visite. Mais je n'apprends ni l'anglais, ni l'osage, parce que je n'ai pas des relations assez suivies avec les individus parlant ces langues; et puis les interprètes sont là. Seulement je désapprends le français. Les braves gens qui parlent ici ou devraient parler cette langue, l'écorchent d'une manière impitoyable; le dialecte canadien et le dialecte créole s'en disputent les membres défigurés; les anglicismes et les osagismes, qui l'assiégent en foule, achèvent de la dénaturer. Du reste, ce baragouin libre et hardi a souvent des allures pittoresques et une tournure curieuse. Des réflexions analogues peuvent s'appliquer aux mœurs. Chaque race proteste contre les usages étrangers; mais peu à peu elle en subit l'influence, et l'amalgame s'opère. La plus envahissante est la race anglaise; la plus défiante est la race sauvage; la race française, plus cosmopolite, est volontiers, ici comme ailleurs, le canal par lequel s'opère la fusion. Voici une plaisanterie qui peut donner une idée de ce galimatias. L'usage du serment judiciaire est très-répandu parmi les Américains; on le prête sur la Bible. Un Osage réclamait d'un traiteur français de ma connaissance un payement qu'il avait déjà reçu. « Mon oncle, je t'ai payé, dit le traiteur. (Chez les sauvages, on se donne les noms de père, fils, frère, oncle, neveu, suivant l'affection, la bienveillance, le respect qu'on veut se témoigner mutuellement.) — Non, mon neveu. —Souviens-toi bien. Je t'ai donné une couverture, quatre aunes d'indienne, et deux torquettes de tabac par-dessus le marché. — Oui, mon neveu; mais je t'ai encore vendu des peaux pour une chaudière et des pendants d'oreilles; tu n'en avais pas dans ton magasin. — Mon oncle, voilà le livre du Maître de la vie, dit le traiteur, en lui présentant un almanach. Tu vois cet homme (une image représentant l'influence des douze signes du zodiaque sur le corps humain) : le Maître de la vie lui a envoyé tous ces animaux, qui l'ont détruit, parce qu'il avait menti. Nous allons jurer sur ce livre; et celui de nous deux qui fera un faux serment, ces mêmes animaux le détruiront. Et le traiteur de jurer qu'il avait payé le sauvage. A ton tour, mon oncle. — Non, non, non, mon neveu, ton livre me fait trop peur ! Tu m'as payé. »

Vous pensez qu'au fond de mes déserts je demeure étranger à tout ce qui se passe dans le monde ? Nullement. Le journalisme vient nous chercher jusqu'ici. Je sais ce qui se passe des deux côtés de l'Atlantique. Je sais qu'un idiot a voulu assassiner votre roi; je sais que vos hommes d'État en ont profité pour bâillonner la presse, cette presse par la grâce de laquelle ils sont au pouvoir. Je sais encore que les Français et les Américains se boudent et sont sur le point d'en venir aux coups; le tout pour les paroles d'un homme. Ce même homme, pour rajuster l'affaire, demande au congrès de Washington la suspension du commerce avec la France, attendu que ce qui fera du tort au commerce français indemnisera singulièrement le commerce américain. En cas de guerre, les nations belliqueuses de l'Ouest pourraient être pour vous de puissants auxiliaires. Partout les Américains sont abhorrés. Le bruit a couru qu'une flotte française s'approchait des États-Unis. Dernièrement un Osage revient de la Mission, rayonnant de joie : « Vous ne savez pas, vous autres! Voilà les Français de France, qui arrivent pour battre les Grands Couteaux! »

Parmi les élucubrations périodiques qui me tombent entre les mains, je ne dois pas oublier certains journaux de *Tempérance*, publiés dans l'Est. Je vous ai parlé des sociétés de *Tempérance*, des progrès qu'elles avaient faits en particulier dans la classe des marins; je vous ai dit que dans un navire à bord duquel j'ai traversé l'Océan, on ne trouvait aucun spiritueux, mais un assortiment de vins, à l'aide duquel on pouvait être passablement intempérant. Depuis lors il y a eu progrès ou plutot réforme; on a poursuivi Bacchus jusque dans ses derniers retranchements. On s'est avisé que l'alcool, c'est-à-dire, le principe enivrant, le poison, ne se trouvait pas seulement dans les spiritueux proprement dits, mais qu'il résidait aussi dans le vin, et même dans la bière et le cidre. De là exclusion du vin, de la bière et du cidre, par les sociétés de *Tempérance*, ou du moins par la plupart d'entre elles. Il se présentait une question assez délicate pour des hommes aussi éminemmeut religieux que les fondateurs de ces sociétés : célébrera-t-on la cène avec du vin ? On avait déjà fait une exception, pour le cas où la médecine requerrait l'emploi du vin et des spiritueux ; on en fit encore une en faveur du sacrement. Mais il me semble que c'est glisser un peu trop légèrement sur la difficulté ; car enfin cette célébration sacramentelle se rapporte à un fait qui prouve que Jésus-Christ, votre modèle, faisait, aiusi que ses apôtres, un usage habituel du vin. Et les noces de Cana ! Il s'est établi dans beaucoup de villes, des hôtels où les principes de la *Tempérance* sont mis en vigueur. Il est, bon de vous dire que dans les autres hôtels, même du plus haut ton, la buvette (passez-moi ce sale terme) est la principale source du revenu de l'établissement. Je vois dans les journaux en question qu'on décerne le titre *d'hommes de l'eau froide* (*cold water men*) aux membres de la société, tout en les félicitant de ne boire à leurs repas que du thé et du café. Si j'avais un conseil à donner aux sociétés de *Tempérance*, ce serait de proscrire aussi ce dernier usage. On me répondra que le thé et le café n'ont rien d'enivrant : je le sais ; surtout le café américain ; mais ces liqueurs chaudes et artificielles prises en mangeant, comme boisson, ne sont propres qu'à débiliter et à dépraver l'estomac, tandis que l'eau fraîche entretient la vigueur naturelle de cet organe. Reléguez-les donc aussi dans l'exception. En France, on sait faire le café, et on le prend hors des repas, soit par sensualité, soit comme moyen d'excitation. Il est certain que le café rend les sens plus légers et paraît activer les fonctions du cerveau. Mais qu'en résulte-t-il ? que par l'habitude du café on substitue une vie artificielle à la vie naturelle ; et si, pour une raison quelconque, cette habitude est suspendue, on tombe dans la somnolence et dans l'indolence. Tel est donc le bénéfice net de l'usage du café : une maladie pour le corps et une maladie pour l'esprit. Je sais un moyen beaucoup plus sûr de rendre les sens légers, c'est de satisfaire sobrement leurs appétits.

Après cela vous me demanderez pourquoi je ne fais partie d'aucune société de *Tempérance?* parce qu'on peut être très-tempérant sans cela. Il est puéril d'être tempérant parce qu'on a fait le serment ou la promesse de l'être. Une société organisée pour propager une certaine vertu est un schisme. Une vertu ne doit pas s'isoler ; elle n'a d'autorité que par sa liaison avec les autres, c'est-à-dire, par la religion.

Dans un journal publié par les jésuites de Saint-Louis, le catholicisme repousse énergiquement les assauts que lui livre le protestantisme. Indépendamment des récriminations religieuses, on dirige contre les catholiques des accusations politiques; on leur attribue l'intention d'introduire aux États-Unis la domination du pape. Les catholiques répondent par la distinction du pouvoir temporel et du pouvoir spirituel, et protestent de leur dévouement à la démocratie. Ils déclarent que si le pape, comme souverain temporel, dirigeait une attaque contre l'indépendance américaine, ils seraient les premiers à prendre les armes contre lui. Les catholiques sont de bonne foi, mais ils se trompent. La distinction des pouvoirs temporel et spirituel n'est en définitive qu'une doctrine protestante, dont la conséquence est de paralyser le pouvoir spirituel, et de rendre le pouvoir temporel athée, et par suite sans autorité légitime.

La littérature est l'expression de la société. Le journalisme est l'expression de la société américaine. Des vingt-huit immenses colonnes d'un journal américain, vingt-quatre ou vingt-cinq sont consacrées à des annonces de marchands et d'industriels. Les trois ou quatre autres sont encore assez spacieuses pour les menus événements, les discussions législatives, les panégyriques et les diatribes de partis. Car il y a aussi des partis politiques aux États-Unis. Les douanes

et l'esclavage sont les deux questions les plus ir-
ritantes. Il y a des francs-maçons et des anti-
francs-maçons. Il y a enfin des whigs et des démocrates. Les démocrates, à la tête desquels est le
président Jackson, l'homme des masses, s'opposent à l'influence de l'aristocratie financière, dont
ils traitent les partisans de whigs. Quant à l'aristocratie de la couleur, je n'en parle pas; l'homme
de couleur, que son origine soit africaine ou américaine, est hors la loi politique. Dans les États
du Nord, et même dans l'état de Tennessee, où
l'esclavage est établi, la loi accorde les droits politiques aux hommes de couleur libres; mais
ceux-ci ne s'avisent pas d'en profiter. Le républicanisme américain n'est pas le triomphe de
l'humanité; c'est un triomphe de race. En France,
du moins, la question est posée plus largement.

Qu'est-ce que la nation américaine dans l'histoire du genre humain. Son origine ne se perd
pas dans la nuit des temps; elle s'est formée et
constituée hier, sous nos yeux. D'abord, est-ce
une nation, à proprement parler, une société
humaine, dans la plus haute acception du terme?
non; ce n'est qu'une société de commerce et
d'industrie, politiquement indépendante. Pour la
juger ainsi, montez au point de vue philosophi-
que et religieux, c'est-à-dire, au seul vrai point
de vue.

Une société humaine est un corps dont la religion est l'âme, dont le gouvernement est la tête.

Que l'âme abandonne la tête, la tête n'a plus le droit de gouverner le corps. Il ne peut y avoir de légitimement organisée qu'une société théocratique. Quand une société particulière se dissout, elle retourne à la masse commune du genre humain, vaste corps dont la vie se compose des vies de toutes les sociétés. La vie de cet homme universel, comme celle de toute société partielle, comme celle de l'individu, doit présenter les phases de l'enfance, de la jeunesse, de la virilité. Pour l'enfance, le régime théocratique se formule dans la loi écrite, positive, stricte. Dans la jeunesse, le mobile de l'amour affranchit l'homme de la servitude de la lettre, et consacre une autorité destinée à guider l'inexpérience et à réprimer la fougue des passions. La virilité appelle l'homme à une émancipation complète, en lui donnant la science pour guide. L'homme qui se sent homme, ne relève que de Dieu.

C'est ici que le genre humain a fait son premier essai de virilité; c'est pourquoi le monde a les yeux fixés sur les États-Unis. Cet essai n'a été qu'un avortement. On n'a fait que remettre en jeu la vieille machine gouvernementale, un peu modifiée et rajustée. La question politique a étouffé la question sociale; la forme l'a emporté sur le fond; la matière a triomphé de l'esprit. Mais enfin, il est décidé qu'une nouvelle ère s'ouvre. L'histoire humaine est un grand drame, dont le premier acte se passe en Asie, le second en Europe, le troisième en Amérique.

En remettant le pied dans le monde, je sens ce que je perds. Calme saint de la solitude, uniformité du temps dans la méditation, ombre de l'éternité.

Le Missouri est plus considérable à lui seul que tout le Mississipi, dont il est regardé comme un affluent. En considérant le Mississipi inférieur comme le prolongement du Missouri, on a le plus grand cours d'eau du monde. Au confluent, c'est le Mississipi qui paraît la rivière principale. C'est un de ces spectacles solennels qui ne peuvent plus sortir de la mémoire d'un homme.

Saint-Louis a une cathédrale où le culte catholique se célèbre avec pompe. Les hérétiques vont là comme au spectacle. On distingue la physionomie de différentes nations; on pourrait presque reconnaître celle des sectateurs des différents cultes : comment ce que la physionomie américaine trahit de roide et d'impitoyable, pourrait-il se plier au catholicisme? Le catholicisme est plus universel, non seulement en ce qu'il compte le plus grand nombre de sectateurs, mais aussi parce qu'il s'empare plus universellement de l'âme humaine. Mais le culte n'est que la forme de la religion; et toute forme s'use et périt. Entre les mains d'une caste sacerdotale, investie de l'autorité, le culte a toujours dû être plus ou moins arbitraire. Il doit s'agrandir en proportion du développement de l'esprit humain. Quand celui-ci atteint son développement viril et assume l'autorité, le culte doit s'identifier avec la vie.

Nous descendons, nous parcourons les méandres immenses du Mississipi. Les détonations de la vapeur retentissent au fond de ses vieilles forêts, dont les eaux débordées inondent le pied. Une grande partie de ces forêts présente encore toute la fraîcheur de la jeunesse : sur les terrains de formation récente on voit s'élever par étages de nouvelles générations de saules et de peupliers. De rares escarpements se présentent au bord du fleuve; la plupart sont occupés par des villes naissantes. Le premier endroit de quelque importance est Viksburg, sur la rive gauche. Viksburg est devenu célèbre depuis l'année passée, par les exécutions sanglantes dont il a été le théâtre, en vertu de la loi de Lynch. Vous ne savez sans doute pas ce que c'est que la loi de Lynch. La loi de Lynch, c'est la loi du plus fort; en quoi elle ne diffère pas des autres lois humaines. Ce qui la distingue, c'est qu'au lieu d'avoir été rendue par une autorité législative ou soi-disant telle, elle a été mise en vigueur par un simple particulier, nommé Lynch, un des premiers planteurs de la côte orientale. Faire à quelqu'un l'application de la loi de Lynch, c'est purement et simplement le pendre. L'an passé donc, à Viksburg, ou *lynchisa* (passez - moi l'expression) plusieurs joueurs de profession, qui étaient aussi accusés d'*abolitionisme*. L'abolitionisme est le crime de ceux qui veulent abolir l'esclavage. Pendant que j'étais à Saint-Louis, les citoyens de cette ville se donnèrent le plaisir de lynchiser un mulâtre qui avait tué un blanc; il est vrai qu'on ne le pendit pas; on le brûla vif. C'est généralement aux ilotes de sang africain et à leurs partisans que se fait l'application de la loi de Lynch. Cependant le massacre des blancs à Saint-Domingue pourrait bien être considéré aussi comme une application de cette même loi. L'esclavage est une maladie sociale que ne guériront certainement pas les sermons de quelques énergumènes quakers ou méthodistes; mais les principes de vie qui sont dans la société américaine, finiront par en triompher. La Providence tire le bien du mal, et ce n'est sans doute pas pour rien qu'elle a fait de l'Amérique le rendez-vous de toutes les races.

Natchez a conservé le nom d'une nation exterminée par les Français. Sur des hauteurs considérables, où on ne la voit pas du fleuve, cette ville paraît devoir jouir d'un climat sain; cependant elle est souvent visitée par la fièvre jaune. Bâton-Rouge occupe les derniers monticules; au-dessous, le niveau du fleuve est généralement plus élevé que les campagnes, et les eaux sont contenues par des levées.

Ville de bois sous les Français, aujourd'hui ville de briques, la Nouvelle-Orléans est bâtie dans la boue, entre les cyprières, marécages ainsi nommés des cypres qui y croissent, et le fleuve, dont elle repousse par une levée les eaux de plus en plus menaçantes. Elle est la clef du monde du Mississipi. D'innombrables navires lui apportent les richesses du monde, et prennent en échange le sucre, le coton et le tabac de la Louisiane. Ses steam-boats répandent la vie dans le centre de l'Amérique du Nord. Elle est à deux lieues du lac Pontchartrain, avec lequel elle communique par un chemin de fer, qu'une voiture à vapeur parcourt en un quart d'heure.

Africains, Créoles, Anglo-Américains, Français, Espagnols, Allemands, Irlandais, forment le fond de la population. L'indolence et les passions ardentes du Midi sont aux prises avec le flegme et l'industrie active des races septentrionales. Quelques misérables restes de la nation des Chactas se montrent encore quelquefois.

Les forêts de la basse Louisiane ont un aspect de vétusté qui remplit l'âme d'une sainte horreur. La mousse pendante dont les arbres sont couverts leur donne l'air de vieillards à barbe grise. Je pénétrai avec une pirogue sous l'ombrage des cyprès séculaires, dont le feuillage est habité par le cardinal, le pape, le moqueur aux chants mélodieux, et dont les pieds, plongés dans une vase immonde, sont assiégés par les serpents et les crocodiles. Sur les terres qui ne sont pas inondées, croissent les gigantesques magnolias, aux feuilles soyeuses, aux fleurs parfumées et éclatantes de blancheur.

Au moment où je quitte la Nouvelle-Orléans,

quinze cents Creeks prisonniers vont y passer pour se rendre auprès de leurs frères de l'Ouest. Ils ont tenu en échec pendant six mois dans la Floride, et battu dans vingt rencontres les Américains, pour qui naguère la conquête de la France n'était qu'une bagatelle. Plus sages que leurs ennemis, ils ont fini par se rendre. Au Texas, les Américains triomphent. Le Mexique est une proie que ne dédaignerait pas cette race machiavélique. Depuis la capture du président Santa-Anna, le gouvernement américain suit une marche un peu moins ambiguë. Le bruit court déjà que les troupes d'observation ont franchi la limite mexicaine.

Je suis sur un navire retournant en France. Un navire est un monde voguant sur l'Océan, comme le monde de l'humanité vogue sur la mer du temps. Le peuple qui travaille, ce sont les matelots; les passagers constituent l'aristocratie, qui mange et digère. Le capitaine est le chef, qui gouverne. Il gouverne, parce qu'il sait gouverner. Le peuple ne voit que l'espace uniforme et infini. Le chef voit le port des yeux de la science; il lit dans le ciel la route qui doit le conduire à sa destination. Et vous, chefs des nations, chefs par droit de naissance ou élus de l'intrigue, quel est le port où vous conduisez le monde?

UN TOUR EN SICILE.

1833.

Partis de Naples le 6 novembre, vers le milieu
du jour, par un bon vent, nous vîmes, le lendemain matin, sur notre droite, fumer le volcan de
Stromboli. Quelque temps après, le capitaine me
montra, sur la côte de la Calabre, le bourg de
Scilla, près duquel se trouvent des rochers si re-
doutés dans l'antiquité. Devant nous se présentait le phare élevé à l'extrémité nord-est de la
Sicile, sur l'ancien cap Pélore, et dont tire son
nom le détroit du Phare de Messine. Nous entrâmes bientôt dans ce détroit, en serrant de très-
près la côte sicilienne, pour éviter d'être entraînés
dans le courant de Charybde, situé un peu au
nord du port de Messine. Cette ville, la seconde
de la Sicile, est assez bien bâtie. La grandeur et
l'activité de son port sont ce qu'il y a de plus
remarquable. J'arrivais avec l'intention de faire le
tour de la Sicile. Deux Français, qui venaient d'a-
chever cette entreprise, m'en auraient dégoûté
par le récit de leurs misères et de leurs désappoin-
tements, si je n'avais su combien les impressions

sont différentes sur les différents individus. Je vis aussi un jeune Allemand, qui revenait de l'intérieur de l'île, où il avait été dévalisé par les brigands, avait eu son guide tué, et n'avait échappé lui-même à la mort que par une prompte fuite. Une institution due aux Anglais contribue cependant à rendre ces événements moins fréquents en Sicile. Il y a des gardes pécuniairement responsables des vols commis sur la portion de territoire attribuée à leur surveillance.

Je partis pour Catane, bien prévenu contre les Siciliens, et faisant presque mauvaise mine à mes compagnons de voiture, deux négociants et un bénédictin, qui me comblèrent de politesses et de prévenances, en ma qualité d'étranger. J'observai dans leur conversation, et j'ai eu occasion de le faire ailleurs, que les Siciliens, comme les Italiens, reconnaissent la supériorité intellectuelle de la nation française. Les Anglais et les Allemands ne croient pas pouvoir se dispenser d'apprendre le français et d'aller à Paris; mais ils paraissent plus disposés à noter ce qui manque à la France qu'à reconnaître les éléments de sa supériorité.

Nous passâmes la première nuit à Giardini, joli nom d'un fort sale endroit, situé près de la montagne sur laquelle est bâtie Taormina. Cette ville est dominée par un pic sur lequel on voit les restes d'un fort construit par les Sarrasins. On y admire les ruines d'un théâtre antique, que le mauvais temps m'empêcha d'aller voir. Le lende-

main, les torrents, grossis par la pluie, uous arrê-
tèrent longtemps. Je n'ai appris nulle part plus
qu'en Sicile à apprécier les bonnes routes et les
ponts, parce que nulle part je n'ai plus souvent
failli me rompre les membres dans des chemins
affreux, et être entraîné par les torrents et les rivières qu'on traverse à gué. Il fallut passer une
seconde nuit en route; ce fut à Jaci-Reale, au
pied de l'Etna. Je regrettai de ne pouvoir aller
visiter le port d'Ulysse et la caverne de Polyphème.

Nous cheminions au pied de l'Etna; sa tête et
ses flancs étaient enveloppés de nuages. Je con-
templais les riches campagnes et les vergers où
les orangers pliaient sous le poids de leurs fruits.
La montagna! s'écrièrent mes compagnons, et je
vis le géant de la Sicile, couvert d'un manteau de
neige et vomissant des torrents de fumée blan-
châtre.

Catane est une grande ville, régulièrement per-
cée et construite avec élégance. Le luxe paraît
régner parmi les habitants. Il y a un port très-petit.
Toute la côte est bordée de rochers de lave, d'un
aspect sombre et sinistre, contre lesquels la mer
paraît se briser avec plus de fureur. Cette ville a
souvent été la victime des convulsions de son terrible voisin. Ruinée par un tremblement de terre
à la fin du XVIIe siècle, elle a été rebâtie entièrement quelques années après. On y voit les restes
d'un théâtre et de quelques autres édifices antiques, qui furent jadis engloutis par la lave. Le

prince de Biscari, qui a fait faire les fouilles, a
rassemblé les ouvrages d'art qu'on a découverts, et
qui, joints à différents objets de curiosité et d'histoire naturelle, forment un assez riche musée.
Le couvent des Bénédictins, admirablement situé,
comme la plupart des couvents, a toute la magnificence d'un palais. La lave produite par la grande
éruption de 1669 s'est arrêtée devant les murs,
comme par enchantement. Ce couvent possède
une belle collection d'objets d'art et de science.
La complaisance affable du bénédictin qui me le
fit visiter dans le plus grand détail, contrastait
agréablement pour moi avec la complaisance in-
téressée des custodes qui m'ont obsédé dans tant
de galeries. Je dis aux bons pères que je voulais
faire l'ascension de l'Etna; ils s'efforcèrent de m'en
détourner par la crainte du froid. Effectivement,
à la fin de novembre, une pareille entreprise n'est
pas sans difficultés. Mais je savais qu'on avait fait
cette ascension dans des mois bien plus dange-
reux, en février et en mars. Je partis donc par
une belle soirée, et j'allai coucher à Nicolosi,
village situé à trois lieues de chemin de Catane,
dans la région boisée de l'Etna, au pied des *monti
Rossi.* On nomme ainsi deux montagnes coniques,
de couleur rougeâtre, dont la forme est due à des
éruptions qui ont eu lieu par les flancs du volcan.
La plus jeune date de 1669. L'éruption de 1832
a formé une nouvelle montagne, dans la partie
du nord. De Nicolosi au sommet du volcan on

compte huit heures de marche. Mon guide et moi nous partîmes à minuit, montés chacun sur un mulet. La lune nous guidait dans des chemins à peu près perdus, au milieu de la région boisée. Dans la partie supérieure de cette région, nous atteignîmes la *casa del Bosco*, maison de refuge où nous fîmes un bon feu. Après avoir déjeuné, je voulais partir immédiatement; mais la lune avait disparu, et mon guide voulait attendre l'aube. Il s'endormit. J'observais avec inquiétude quelques nuages qui couraient dans le ciel; mais le temps resta serein. Le jour n'arrivait pas. Mon guide prit un tison pour chercher le chemin à travers le lit des torrents. Nous traversâmes ainsi la partie inférieure de la région déserte, où il ne croît plus que des bruyères; et au point du jour, nous touchions les premières neiges. Nous congédiâmes nos mulets par un enfant qui nous avait acompagnés jusque-là. La neige était fort dure, et nous tombions fréquemment; plus haut nous la trouvâmes moins gelée, et ce fut un autre supplice d'en retirer à chaque pas nos pieds profondément enfoncés. J'étais déjà accablé de fatigue, quand le soleil vint éclairer l'immense trajet qu'il nous restait à faire. J'avais à lutter contre le vent le plus terrible, qui me suffoquait, et, s'engouffrant dans mon manteau, menaçait à chaque instant de m'entraîner. Mon compagnon, plus aguerri et mieux précautionné, marchait assez loin devant moi. Je ne pouvais faire dix pas sans être obligé de m'arrêter et de tourner le dos au vent, pour reprendre haleine. Je voyais la mer à travers les vapeurs étinceler au loin sous le soleil, la côte dessinant de vastes contours jusqu'à Syracuse, et les montagnes du reste de la Sicile perdues dans la brume. Deux cimes s'étaient abaissées à mes côtés. Au-dessus des neiges m'apparaissait le cône du cratère, noir et vomissant une épaisse fumée. Près du cône, je voyais la *casa Inglese*, maison de refuge où j'espérais trouver un peu de repos. Plusieurs fois j'eus envie de me coucher sur la neige; je recueillis assez de force pour résister à cette funeste tentation, et je parvins à me traîner jusqu'à la maison de refuge, qui heureusement n'était qu'à moitié ensevelie. Mon guide me tira par la partie supérieure de la porte. La fièvre me suffoquait; j'avais les pieds horriblement torturés par le froid, et le reste du corps engourdi. Je me couchai sur un banc; ce qui me procura quelque soulagement; et je me serais endormi, si le guide ne s'y fût prudemment opposé. Il fallait se remettre en route; mais j'étais épuisé d'inanition, et nous avions laissé nos vivres avec nos mulets. Mon guide tira de sa poche un morceau de pain desséché, dont nous dévorâmes chacun la moitié. Je pense que quelques gouttes de généreux vin de Catane m'auraient donné la force de terminer mon voyage. Nous nous acheminâmes vers de petits cratères, qui se trouvent en bas du cône. La neige était beaucoup moins ferme, et j'enfonçais presque jusqu'au genou. Je sentis l'impossibilité prochaine de retirer mes jambes ; il fallut me reconnaître vaincu, et je battis en retraite. Je n'avais même plus assez de force pour sentir la honte de ma défaite. Nous descendîmes rapidement. A peine au-dessous des neiges, je trouvai la chaleur étouffante. En repassant à Nicolosi, j'allai prendre congé du docteur Gemellaro, qui m'avait prêté la clef de la casa Inglese, et dont je n'oublierai pas l'accueil bienveillant. J'arrivai le soir à Catane, le corps brisé comme par mille coups de bâton.

A Catane finit la route praticable pour les voitures. Au delà, on voyage ordinairement en litière ou à dos de mulet. J'aurais préféré voyager à pied, le sac sur le dos, si j'avais eu un compagnon, et si ce n'eût été à l'approche de la mauvaise saison. Je pris un muletier pour me conduire jusqu'à Palerme par la côte méridionale, à raison d'une piastre par jour. Après avoir passé une petite rivière, où l'on recueille de l'ambre, on entre dans la plaine de Catane, qui correspond à l'ancienne plaine d'Enna, où fut enlevée Proserpine. On traverse dans un bac la Giarretta, la plus grande rivière de la Sicile. De là nous montâmes sur des collines où le sirocco nous tourmentait violemment, et j'aperçus bientôt Lentini et son petit lac. La curiosité sicilienne, que j'avais déjà trouvée fort gênante à Catane, me devint insupportable à Lentini. Je ne pouvais me faire voir sans être immédiatement reconnu pour un homme du Nord, montré au doigt et presque suivi. J'ai trouvé généralement beaucoup plus de badauderie chez les citadins que chez les rustres. Ceux-ci daignaient à peine jeter un coup d'œil sur moi. J'en rencontrais sur les chemins, qui étaient de tournure et de physionomie fort peu rassurantes. On serait encore tenté de leur donner les noms terribles de Lestrigons et de Cyclopes.

On remarque aux environs de Lentini des grottes dont l'excavation est attribuée aux Cyclopes. Je vis sur la gauche Agosta et sa baie profonde, que ferme au sud la presqu'île de Magnisi, et je ne tardai pas à fouler la poussière de Syracuse. Après en avoir vu les premiers vestiges, je marchai pendant plus d'une heure sans découvrir la ville moderne. Syracuse était en grande partie construite sur le roc, qui servait de fondement aux maisons et de pavé aux rues. Dans le chemin que nous parcourions, et où les voitures ne passent plus depuis longtemps, j'observais les ornières des anciens chars, qui ont en quelques endroits plus d'un pied de profondeur. Enfin, je découvris du haut des collines la Syracuse d'aujourd'hui, reléguée dans l'île d'Ortygie, qu'occupait autrefois le plus petit des cinq quartiers de la ville. Je voyais de toutes parts, autour de moi, des rochers taillés et creusés par la main des hommes, où l'on reconnaît la partie inférieure des habitations. Le soleil s'abaissait derrière ces rochers; ses rayons, brillants comme aux jours d'autrefois, n'éclairaient plus qu'une immense et muette scène de deuil. Il me sembla respirer l'air de la Grèce, dont je foulais une colonie détruite.

Il faut passer par six portes et sur quatre ponts-levis pour pénétrer dans Syracuse. Ce n'est pourtant qu'une malheureuse bicoque; mais son immense port naturel, quoique peu fréquenté, en fait un lieu important. Il y a quelques restes de temples antiques et quelques édifices modernes qui méritent l'attention. La cathédrale occupe l'emplacement d'un temple de Minerve, dont on voit encore plusieurs colonnes misérablement encaissées dans les murs modernes. Entré dans cette église, je la vis si bien reblanchie à neuf jusques et y compris les colonnes antiques, que je m'enfuis jusqu'à l'église des Jésuites. Je vis dans celle-ci un tableau représentant saint Joseph avec l'enfant Jésus, et qui me parut être de la plus belle manière du Pérugin. J'oserais même presque l'attribuer à Raphaël. Deux infâmes diadèmes de papier argenté, collés au-dessus de la tête des deux personnages, excitèrent mon indignation. Je tâchai de la communiquer à un jésuite présent. Il fut froidement de mon avis. Je descendis à la fontaine d'Aréthuse, vrai cloaque, où, au lieu de la nymphe, je trouvai une douzaine de blanchisseuses fort peu attrayantes.

Syracuse a un petit musée d'antiquités; on y admire une Vénus, peut-être aussi parfaite que la Vénus de Médicis; il lui manque la tête et le bras droit. Il y a aussi un bel Esculape et un fragment de bas-relief fort gracieux.

On sort de la ville pour aller voir les restes d'un amphithéâtre et d'un théâtre taillés dans le roc. Le théâtre est d'une grandeur prodigieuse. Près de là se trouve l'Oreille de Denys, souterrain fameux par le tyran qui y renfermait ses victimes, et qui, placé dans une chambre pratiquée au-dessus, pouvait y recueillir leurs paroles. Cette grotte, taillée dans le roc, ainsi que la chambre, a trente ou quarante pieds de hauteur; sa coupe est à peu près en forme d'oreille de cheval. M'é-tant fait hisser dans la chambre, par le moyen d'une poulie, j'ai entendu distinctement des pa-roles prononcées à voix basse au fond du souter-rain, et le léger bruit produit par le déchirement d'un morceau de papier. L'Oreille de Denys fai-sait partie des Latomies, vastes prisons souter-raines qui, bouleversées en grande partie, offrent aujourd'hui un aspect étrange. Il y a, plus près de la mer, d'autres latomies, dans lesquelles on pénètre en passant par un couvent de capucins, et qui présentent un spectacle encore plus éton-nant que les premières. Dans leur enceinte, au milieu des rochers pendants, renversés, taillés en grottes profondes, sont des jardins où croissent confusément l'oranger, le citronnier, le myrte. Près de là se trouvent les Catacombes, lieu de sépulture des anciens Syracusains; elles sont creu-sées et disposées avec un art admirable.

De Syracuse on voit bien la masse énorme de l'Etna, devant laquelle toutes les autres montagnes se confondent avec la plaine. Je contemplai encore une fois ses neiges dorées par le soleil couchant, et je dis adieu aux mélancoliques ruines de Syracuse.

Le cap Passaro, à l'extrémité sud-est de la Sicile, m'apparut blanchissant comme un navire à l'horizon. Entré dans les montagnes, je ne tardai pas à découvrir la ville de Noto, dont les édifices s'étageant sur une hauteur présentent un aspect assez majestueux. Je visitai plusieurs églises, dont l'élégance, la richesse et la propreté me parurent singulièrement contraster avec l'apparence chétive et négligée de la plupart des maisons. A en juger d'après ce que j'ai vu dans les auberges, la saleté sicilienne est effroyable ; je n'entreprendrai certainement pas de la décrire en détail. Mon muletier m'exhortait cinq ou six fois par jour à bien manger, bien boire et bien dormir ; mais je ne m'acquittais de ces fonctions, surtout de la dernière, qu'avec une extrême répugnance. Je consentirais volontiers à loger avec des pâtres ou des sauvages, sous leurs huttes où l'on manque de tout ; mais m'asseoir au milieu de la crasse et des ordures compliquées des villes ! Voulez-vous apprendre à aimer la propreté, la propreté poussée jusqu'au luxe, allez faire un tour en Sicile.

Jusqu'à Noto les chemins ne sont pas beaux ; au delà ils deviennent affreux. Ce n'est plus qu'un

misérable sentier, à peine tracé à travers les rochers et les précipices. Pour comble de disgrâce,
le temps était à la pluie. Sur les hautes montagnes,
sur mer, la nature est terrible; cependant la grandeur même de la lutte à soutenir peut rendre de
l'énergie à l'âme. Mais cheminer par un temps plu-
vieux dans des campagnes désertes, en être réduit
à me blottir sous un arbre, où la pluie ne tarde
pas à m'atteindre, je ne connais guère de situation
qui me fasse mieux sentir toute ma misère.

Nous atteignîmes une espèce d'auberge isolée.
Les maîtres étaient des gens riches; ils ne m'en
traitèrent ni plus proprement ni plus cordialement.
Mon muletier paraissait fort inquiet; enfin il me
dit qu'il n'y avait rien à manger. Je lui montrai
une pile de pains sur le plancher. Il se prit à rire,
fort étonné qu'une Seigneurie, une Excellence
(car j'étais tout cela en Sicile), voulût bien con-
descendre à dîner avec du pain sec, plutôt que
de mourir de faim. Cependant, on m'avait préparé
un plat de fèves; mais de table, de cuiller, de
fourchette et de verre, point; cela m'irrita, parce
que la femme qui me servait, avait les doigts et
les oreilles chargés de bijoux. Mon pauvre muletier, toujours fort désolé, me conduisit ensuite
dans un grenier, où je dormis d'aussi bon cœur
sur un peu de paille que dans les lits de Noto,
Modica et autres villes.

J'ai nommé Modica par anticipation; j'y arrivai
le lendemain, morfondu par la pluie. Après avoir

traversé les trois quarts de la ville, presque à la nage, nous nous trouvâmes devant l'auberge; elle était démolie. On me conduisit, sur les décombres, dans un galetas ouvert au vent et à la pluie, où deux voyageurs se déshabillaient et se séchaient devant un pot de terre plein de feu. «Il n'y a pas une chambre dans cette auberge? — Non. — Pas d'autre auberge dans cette ville? — Non. « J'avoue que la patience m'abandonna un instant. Modica est une ville de vingt-six mille âmes; on me l'a répété plus de dix fois pendant mon séjour. Les deux voyageurs eurent la bonté de me céder leur part du galetas, en allant demander l'hospitalité dans un couvent.

Modica se trouve placée à la réunion de six vallées ou plutôt de six ravins profonds. Les maisons, s'élevant les unes au-dessus des autres, sont en partie creusées dans le roc, et la plupart des rues sont en escalier. Je ne sais ce qu'on a pu trouver d'engageant dans une pareille situation; ce qui est positif, c'est que, vingt jours avant mon arrivée, une grande partie de la ville avait été emportée par les torrents; une foule de *palais* (vocabulaire sicilien) avaient été entraînés. Un des rochers qui dominent la ville est couronné par les ruines d'un fort sarrasin.

Je me mis à la recherche d'une vallée remarquable par de nombreuses grottes artificielles, sur lesquelles j'avais lu des détails fort curieux dans la relation d'un voyageur allemand, M. Képha-

lidès. Le livre qui me servait de guide m'indi-
quait, dans le voisinage de Modica, une vallée de
San-Filippo, avec des grottes qui paraissent avoir
servi d'asile à une population dont la mémoire a
disparu; et cette indication semblait s'accorder
avec le récit de l'auteur allemand. Après avoir
pris quelques renseignements, je m'acheminai
dans une certaine direction. Au bout de plusieurs
milles, j'arrivai à deux ou trois maisons du nom
de San-Filippo, près desquelles je découvris une
grotte. Cette grotte, longue d'environ cinq mètres,
est soutenue par deux ou trois piliers, qu'on a
ménagés en creusant le roc. Il y a dans le sol plusieurs compartiments, qui paraissent avoir dû
servir de lits ou plutôt de tombes. On m'a dit à
Modica, que dans le voisinage de cette grotte il
y en avait deux autres, dont l'une avait été la
première cathédrale de la Sicile, sous l'épiscopat
de saint Marcien. Je doute que ce soient là les
grottes de M. Képhalidès. Du reste, on trouve en
Sicile beaucoup de rochers et beaucoup de grottes,
tant naturelles qu'artificielles.

Le temps devint beau, et je dis adieu à Modica,
sans aucun regret. A quelque distance, il nous
fallut descendre dans un abîme, au fond duquel
coule la Ragusa. On voit sur cette rivière les restes d'un pont que la violence des eaux a détruit.
On est obligé maintenant de la traverser à gué.
Dans la saison des pluies, la communication entre les deux rives est interrompue. Nous laissâmes

sur la gauche une ville de même nom que la rivière, et qui me parut fort considérable. On m'a
assuré qu'elle renfermait vingt-trois mille habitants et pas une auberge. On est étonné de rencontrer fréquemment en Sicile des villes aussi
peuplées ; les maisons isolées sont rares ; et je n'ai
peut-être pas trouvé quatre villages sur toute ma
route. La population agricole habite les villes ; ce
qui ne contribue pas à les rendre propres ; et les
laboureurs sont souvent obligés de faire plusieurs
milles pour aller sur leurs terres, avec leurs char-
rues démontées sur le dos des mulets ou des ânes.

Chiaramonte est une bicoque au milieu de
montagnes âpres et froides. De là le regard em-
brasse un pays bas et riant, qui s'étend jusqu'à
la mer. Nous y descendîmes. Là se trouve la
petite ville de Biscari, avec un château, qui
donne son nom à un prince. Les princes four-
millent en Sicile. Nous descendîmes encore, et
nous traversâmes la plaine marécageuse de Terranova, qui est séparée de la mer par des dunes.
Terranova s'élève sur une petite montagne, au
pied de laquelle est une plage où abordent les
embarcations peu considérables. Il y a de vastes
souterrains où l'on dépose les grains destinés à
l'exportation. A une journée de marche dans l'intérieur, on trouve la mine de soufre de Galizi,
dont le produit est un objet important de commerce. Elle appartient à un jeune négociant français, dont la rencontre est un des incidents les

plus agréables de mon voyage. C'est le seul homme du Nord que j'aie vu dans toute ma tournée.

L'Etna me montra encore, à une distance de plus de vingt lieues, sa tête blanche par-dessus les autres montagnes. Je lui dis adieu pour la dernière fois. En quittant Terranova, on descend sur la plage pour se rendre à Alicata. Les pirates barbaresques enlevaient fréquemment les passants sur cette côte. Nous trouvâmes sur le chemin un petit monceau de pierres qu'on venait d'élever avec une croix, à l'endroit où un voyageur avait été assassiné quelques jours auparavant. Nous quittâmes le rivage. Je réfléchissais à l'air brigand des montagnes dans lesquelles nous entrions, quand mon muletier se retourna pour me dire qu'un jour il y avait été dévalisé. On traverse en bac le Fiume Salso, pour arriver à Alicata ou Licata, ville située au bord de la mer, sans port. Nous passâmes ensuite par Palma, et enfin j'aperçus Girgenti blanchissant sur une montagne. En approchant, je voyais des colonnes éparses au sommet d'une colline déserte; près de là se dessinait sur un ciel pur un temple antique, frappé par les rayons du soleil couchant. L'âme pleine de ce spectacle, je gravis la montagne de Girgenti. Des enfants qui jouaient près de la porte m'accueillirent par *salute, signor Inglese.* Depuis longtemps j'étais habitué à cette dénomination d'*Inglese* (Anglais), que les Siciliens donnent à peu près indifféremment à tous les étrangers. Nulle part il ne me fallut subir plus de regards curieux et plus de chuchotements ridicules qu'à Girgenti. Je m'en délivrai promptement le lendemain matin, pour descendre sur les collines où s'élevait autrefois la superbe Agrigente. La ville moderne est hors de l'ancienne enceinte. J'allai visiter d'abord les colonnes qui, la veille, avaient attiré mes premiers regards. Ce sont les restes d'un temple de Junon. Je croyais trouver des ruines vierges, mais partout je vis des traces de réparation. En approchant du temple voisin, consacré à la Concorde, mes yeux furent frappés par une inscription dont on a décoré le frontispice, pour faire honneur à je ne sais plus quelle majesté d'avoir relevé ce monument. Je ne voyais que cette malheureuse inscription. La colonnade qui règne autour de cet édifice majestueux, est seule grecque ; l'enceinte intérieure, à arcades, est du temps des Romains. Le temple de Jupiter Olympien, près de là, est un des restes les plus gigantesques de l'antiquité. Il a trois cents pieds de long. C'était, suivant le témoignage de Diodore, le plus grand temple des pays grecs. J'ai mesuré une cannelure de colonne, qui avait environ deux pieds de large. Les bases des colonnes sont seules debout. Tout le reste est renversé, brisé, caché sous l'herbe ou enfoui sous la terre. On reconnaît à peine quelques chapiteaux dans des pierres énormes, parmi des masses plus énormes encore qui faisaient partie de l'entablement. Au milieu du temple gît un colosse de pierres de taille, dont on a rassemblé les fragments épars. Il a vingt-cinq pieds de long. C'était une des cariatides qui ornaient l'intérieur de l'édifice, et qui lui ont fait donner le nom de Palais des Géants. Je parcourus les vestiges de quelques autres temples, tels que ceux d'Hercule, de Castor et de Pollux. Une partie du temple d'Esculape, assez loin dans la campagne, est encore debout. Le tombeau du roi Téron offre une pyramide tronquée. Il y a des restes considérables du mur d'enceinte d'Agrigente : ce sont simplement des rochers taillés sur place. On y remarque beaucoup de petites excavations, qui ont servi de sépulcres. J'escaladai les murs d'une propriété particulière, à la porte de laquelle mon cicerone avait vainement frappé et crié. C'était pour aller voir la chapelle de Phalaris, petit monument carré, dont les ouvertures en ogive lui donnent l'air gothique. Je ne sais pourquoi on lui a accolé le nom du fameux tyran d'Agrigente. Mon cicerone, que j'interrogeai là-dessus, me répondit que ce monsieur (*questo signore*) s'y tenait souvent. On conserve dans la cathédrale de Girgenti un sarcophage que l'on a cru être celui de Phalaris. Il est orné de bas-reliefs où est retracée l'histoire de Phèdre et d'Hippolyte. Il sert de' vase baptismal. Ce que j'admirai le plus dans cette église, est un divin tableau du Guide, représentant la Vierge et l'enfant Jésus.

Il y a une petite collection d'objets d'art, parmi

lesquels on remarque de beaux vases antiques, trouvés dans les fouilles d'Agrigente. Le propriétaire, avec qui j'eus le plaisir de parler français, me charma par son accueil. Il me questionna beaucoup sur la dernière révolution de France, et me fit entendre que le gouvernement napolitain était fort peu goûté en Sicile. Effectivement il n'y est pas populaire; et la raison en est simple : les Siciliens ne sont pas Napolitains.

L'ancien port d'Agrigente est détruit. Un peu à l'ouest se trouve le nouveau port, qui doit son importance principale au soufre qu'on y embarque. Je vis aussi près de ce port de vastes dépôts souterrains de grains comme à Terranova. Il s'y forme une petite ville. La distance de cet endroit à Girgenti est d'une lieue et demie. On a fait une route praticable pour les voitures; mais on n'en profite guère : tous les transports se font à dos d'âne ou de mulet.

Je fis une excursion à trois lieues de Girgenti, du côté de l'intérieur, pour aller visiter le Maccaluba ou Maccalube. On donne ce nom à un volcan qui vomit, non des matières enflammées, mais une eau boueuse, saline et froide. Il est situé sur le dos d'une montagne, et offre une trentaine de cratères, dont plusieurs n'ont pas plus d'un pouce de diamètre. Ces cratères occupent le sommet de cônes très-aplatis, formés par la matière terreuse que l'eau dépose en s'écoulant peu à peu. L'eau, en s'élevant dans le cratère, ne produit qu'une très-légère ébullition. Les paysans des environs affirment avoir vu des éruptions dans lesquelles se produisaient des jets de deux pieds de hauteur. Je poussai jusqu'à la petite ville d'Arragona, à une lieue plus loin, pour voir une des mines de soufre qu'on exploite dans les environs. En pénétrant dans ces souterrains chauds, puants et humides, on désirerait qu'il fût possible de se passer de soufre, ou que du moins il n'y eût pas des hommes condamnés par la misère à passer là toute leur vie, dans le travail à la fois le plus rude et le plus stupide.

Je n'aime guère mieux Girgenti qu'une mine de soufre. Les hommes veulent absolument se priver de la lumière du ciel et de la pureté de l'air, pour s'entasser dans des baraques.

Je passai vers le milieu du jour à Siculiano, petite villace à rues escarpées, où l'on faisait un bruit de tambours et de pétards capable de réveiller les morts. C'était pour la fête de l'*Immacolatella*. Une statue de la Vierge était promenée processionnellement au milieu de tout ce tintamarre. Singulière manière d'honorer la plus obscure et la plus douce des créatures! J'arrivai le soir à Monte-Allegro; même musique. La fête fut terminée par un feu d'artifice, que je n'allai pas voir; mais force me fut de l'entendre. Nulle part mes oreilles n'ont eu d'aussi rudes assauts à soutenir qu'en Sicile, si ce n'est à Naples. Beaucoup de bruit et peu de besogne.

Monte-Allegro est une bourgade située au pied d'une montagne escarpée, qui lui a donné son nom. Elle était d'abord bâtie au sommet, où elle fut ruinée, je ne sais par quel accident. J'allai voir ces ruines, qui paraissent encore très-récentes; elles n'ont rien de pittoresque, mais la situation est admirable.

Le lendemain, je m'arrêtai à Sciacca. Il y a quelques grandes constructions d'un style assez remarquable. Cette ville est située au pied d'une montagne abrupte, qu'on observe de fort loin, et sur une côte élevée, au bas de laquelle est une plage où se retirent les embarcations. Sciacca est fréquentée pour ses bains d'eau sulfureuse. Le volcan qui s'éleva, en 1832, du sein de la Méditerranée, était à trente-deux milles au large devant cette ville, d'où on le distinguait parfaitement. Huit jours avant mon arrivée, on avait ressenti un violent tremblement de terre qui avait disloqué une montagne dans les environs.

En quittant Sciacca, nous nous dirigeâmes vers Castel-Vetrano. On traverse le Fiume Belice sur un pont, presque le premier que j'aie vu en Sicile. Nous laissâmes ensuite le sentier de Castel-Vetrano, pour aller voir les ruines de Salinunte ou Selinonte, quoique mon muletier n'en parût pas fort charmé, se souciant peu d'antiquités. Il me fit valoir la longueur du chemin; mais ce chemin nous égara dans des bosquets délicieux d'oliviers, de myrtes et d'autres arbrisseaux. Enfin j'arrivai dans un champ découvert, et je vis une grande masse de décombres, au milieu desquels s'élevaient quelques colonnes à demi brisées. Ces ruines sont sur un plateau d'où l'on voit la mer à quelque distance. Elles sont partagées en trois monceaux distincts, qui indiquent probablement trois temples. Le plus rapproché de la mer offre des fragments de colonnes cannelées d'une fort grande dimension; ces colonnes sont cependant loin d'égaler celles du temple de Jupiter Olympien, à Agrigente. Les ruines du milieu présentent des proportions moins considérables. Celles de l'autre extrémité forment la masse la plus imposante. Les colonnes, sans cannelures, ont environ neuf pieds de diamètre. Je me plaisais au milieu de ces débris énormes, que la truelle des restaurateurs n'a pas profanés. Cependant je me détournai avec dégoût d'une colonne rapiécetée. Des ruines dans un désert, sous un beau ciel, devant une belle nature : c'est là qu'on rêve à la misère des ouvrages de l'homme et à la magnificence toujours nouvelle des ouvrages de Dieu. Le désert de Selinonte est un de ceux où mon esprit aime à retourner.

Castel-Vetrano est à huit milles au nord de Selinonte. C'est une ville assez bien bâtie. Mon intention était de passer ensuite par Mazzara, Marsala et Trapani, en suivant le littoral; mais différentes raisons m'engagèrent à abréger mon voyage, et je me décidai à gagner Palerme par la voie la plus courte. Je quittai donc la *Palmosa civitas Castri Veterani* (inscription que j'ai vue sur une des portes), et je me dirigeai vers le nord, à travers de frais vallons et de riantes campagnes. La première ville que je rencontrai fut Salemi, sur une montagne, avec un ancien château fort. Là nous atteignîmes la grande route, objet d'étonnement pour moi. En passant par Vita, misérable bourg, nous arrivâmes à Calatafimi. Cette ville est située sur une hauteur à côté d'une montagne remarquablement conique, dont le sommet est occupé par les ruines d'un château fort. A trois ou quatre milles de là se trouve l'emplacement de l'ancienne Egesta, aujourd'hui Segeste. Un homme du pays m'y conduisit par des chemins affreux. Nous gravimes une montagne escarpée, sur laquelle je vis beaucoup de pierres, restes des anciennes constructions, les quatre murs d'une petite maison, des sépultures antiques, où mon cicerone m'assura qu'on avait trouvé beaucoup de *chrétiens*, et enfin les ruines d'un théâtre. Je m'assis sur les gradins, et, au lieu de la scène, je vis un vaste paysage, avec des montagnes noires et la mer dans le lointain. Nous descendîmes ensuite dans une gorge où se trouve un temple magnifique, mais restauré, comme l'atteste l'inscription dont on a décoré le frontispice. Le théâtre, dont j'ai parlé plus haut, a également subi une restauration.

Alcamo est une ville dans une situation élevée.
On y remarque beaucoup de constructions sarra-
sines, entre autres le mur d'enceinte, dont une
grande partie est encore debout. Mais ce que j'ai
vu de plus singulier à Alcamo, c'est un prêtre
aubergiste. Pour que personne n'en ignorât, l'abbé
Pirrone a fait donner son nom à la rue qu'il habite. Il me fit observer que le vin d'Alcamo est
excellent. Cela me rappelle que je n'ai rien dit du
vin de Syracuse : amende honorable au vin de
Syracuse !

D'Alcamo à Palerme il n'y a qu'une journée de
chemin. Nous fîmes une petite halte à la Sala di
Partinico, ville qui ne m'a laissé d'autre souvenir
que celui de ses mendiants. Depuis que nous
étions sur la grande route, je trouvais le nombre
de ces malheureux singulièrement augmenté. Ils
spéculent sur les voyageurs. Leur demi-nudité
est beaucoup plus dégoûtante qu'une nudité ab-
solue. Il faut aller en Sicile pour savoir ce que
c'est que des haillons.

Nous nous enfonçâmes dans des montagnes
âpres, du haut desquelles nous aperçûmes enfin
Palerme, avec sa baie et ses riches campagnes.
Nous descendîmes d'abord à Monreale, où je mis
pied à terre, pour visiter la cathédrale. Cette
église, d'un style plein de grandeur, à vastes ogi-
ves, est un admirable monument du douzième
siècle. Les anciennes peintures et dorures, qu'on
a eu le bon esprit de conserver, sont de l'effet le

plus pittoresque. On remarque dans cette église le tombeau de Guillaume le Bon, qui en est le fondateur, et celui de Guillaume le Mauvais, qu'on a dérobé aux regards en le recouvrant de planches. Un incendie a malheureusement dévoré la toiture, il y a quelques années.

Monreale est assez élevé au-dessus de la plaine de Palerme; nous eûmes bientôt franchi les quatre milles qui nous séparaient de cette capitale. Il me semblait revenir en Europe du fond des déserts de l'Afrique. La grandeur des maisons, le mouvement, le bruit, les équipages, les élégants... j'étais ébloui, étourdi. Je n'étais pas moins émerveillé de n'être plus l'objet de la curiosité publique, et de n'entendre plus siffler *Inglese* de tous les côtés. Je ne saurais dire quel charme j'éprouvai en entrant dans un hôtel bien tenu, où je pouvais regarder les murs, toucher les meubles et le linge, et où j'ai pu dormir enfin sans être exploité par des myriades d'insectes.

Palerme le cède peu à Naples pour la beauté de la situation. Sa baie, beaucoup moins vaste, est limitée à l'est par la presqu'île montueuse que termine le cap Zaffarano, et à l'ouest par le mont Pellegrino, masse imposante de rochers, dont la forme offre quelque ressemblance avec celle de l'île de Capri. La petite plaine de Palerme est environnée de montagnes pittoresques, dont le pied est parsemé de riantes maisons de campagne. Il y a dans l'enceinte de la ville un petit port ou-

vert au vent de nord-est; il a très-peu d'eau et
ne reçoit que de petites embarcations, qu'on re-
tire sur la grève. Hors de la ville, du côté du mont
Pellegrino, est une rade, protégée par un môle,
à l'extrémité duquel s'élève un phare. C'est là que
se tiennent les grands navires. Ce port est beaucoup moins fréquenté que celui de Messine. Le
long de la mer, à l'est du petit port, règne une
terrasse, promenade publique que l'on peut com-
parer à celle de Chiaja, à Naples; mais elle est
moins agréable. A l'extrémité de cette promenade
se trouve la Flore, jardin public assez joli, près
duquel est le jardin botanique. Palerme est par-
tagée en quatre parties à peu près égales, par
deux grandes rues droites qui se croisent au centre, la via Nuova ou Toledo, et la via Macqueda
ou Cassaro. Ces deux rues sont larges, belles,
bordées de trottoirs et pavées en dalles. Au point
d'intersection se trouve une petite place octogone,
de jolie architecture. On la nomme les Quatre
Cantons. Les autres rues sont généralement irré-
gulières. En entrant par la porta Nuova, du côté
de Monreale, on voit à droite le palais royal,
résidence du vice-roi, qui porte le titre de lieu-
tenant. Devant ce palais, qui n'offre rien de remarquable à l'extérieur, règne une vaste place.
Du côté de la mer est une autre grande place, la
piazza Marina. Palerme a de belles églises. L'extérieur de la cathédrale, d'architecture moresque,
est d'une originalité piquante; mais il manque

d'ensemble. L'intérieur est froid. Près des Quatre Cantons se trouve une grande fontaine, de forme circulaire, remarquable par la bizarrerie de son dessin et des nombreuses figures de marbre dont elle est ornée. Santo-Carolino, le principal théâtre, où l'on joue l'opéra, a une vaste salle assez belle.

Je suis resté huit jours à Palerme : pendant les trois premiers, il a régné une tempête presque continuelle; pendant les cinq autres, le temps était fort beau; mais un mal de pied que j'avais gagné en voyage était tellement augmenté, que je fus obligé de garder la chambre. Ainsi je n'ai guère pu voir cette ville. Comme toutes les capitales, elle offre un grand contraste de luxe et de misère. Les riches aiment beaucoup à étaler leur insolence; les pauvres par métier, et ils sont nombreux ici, ne se plaisent pas moins à étaler leur avilissement. Je ne pouvais pas sortir sans être escorté par huit mendiants. Je devais cette distinction à ma qualité d'étranger, qui était facilement reconnue.

Je ne voulus pas quitter Palerme sans avoir fait un pèlerinage à Sainte-Rosalie. Dans le XIIe siècle, la fille d'un roi de Sicile disparut de la cour paternelle. Environ cinq cents ans après, on découvrit dans une grotte, sur le mont Pellegrino, son cadavre pétrifié. On le porta à Palerme, où régnait une épidémie, qui cessa bientôt après. Rosalie avait fui les séductions du monde, pour se livrer à la vie contemplative, dans cette solitude affreuse et presque inabordable. On a fait de la grotte une église, sans rien changer toutefois à la voûte naturelle. On y voit une statue de marbre, qui représente le corps de la sainte, dans la position où on l'a trouvé, avec ses ornements royaux. C'est une jeune fille expirante, la main sur le cœur et les yeux au ciel. On a pratiqué à grands frais une route sur les flancs escarpés de la montagne, pour conduire à la grotte de Sainte-Rosalie, patronne de Palerme.

Enfin, après un séjour de six semaines en Sicile, je m'embarquai pour retourner à Naples. Un léger zéphyr nous fit sortir de la baie; une bonne brise nous fit faire la moitié du chemin; une tempête nous poussa jusqu'en vue de Capri. C'était pendant la nuit. La musique n'était pas nouvelle pour moi. Mais il y avait une dizaine de femmes et d'enfants, dont les prières, les sanglots, les cris déchirants, formaient un concert beaucoup plus étrange. Je ne ris pas de l'instinct qui nous fait reculer avec terreur devant l'abîme de la mort; mais à quoi sert la religion, si elle ne rend pas maître de cet instinct? Cependant nous entrâmes dans la baie de Naples. J'avais laissé le Vésuve fort tranquille; je le retrouvai coiffé d'un épais nuage de fumée; et quand la nuit fut venue, je vis les fleuves de lave ardente qui sillonnaient ses flancs.

EXCURSION

AUX

CATARACTES DU NIAGARA.

JUIN 1833.

DANS mon premier voyage aux États-Unis, en me rendant de la Nouvelle-Orléans à New-York par la voie du Mississipi et de l'Ohio, je me détournai de ma route à Pittsburg, pour aller voir les cataractes du Niagara. Je me rendis à Érié par de très-mauvaises routes, à travers les forêts de la Pensylvanie occidentale. Je voyageais dans la voiture de la malle. Pour donner en passant une idée de la manière dont se fait le service de la poste aux États-Unis, je dirai que cette voiture n'avait d'autres conducteurs responsables que les postillons qui se la transmettaient les uns aux autres. Dans ce pays on ne fait pas les choses, on les bâcle. Érié est une petite ville sur la côte méridionale du lac du même nom. Elle possède une vaste rade bien abritée, qui semblerait devoir lui donner de l'importance; cependant elle prend peu d'accroissement. Je m'embarquai à bord d'un bateau à vapeur venant de Détroit, et je me rendis à Buffalo en une nuit. Cette ville est située à l'extrémité orientale du lac, à l'endroit où en sort le Niagara, et à l'origine du canal d'Erié, qui se dirige à l'est à travers l'État de New-York et va déboucher dans la rivière du Nord ou Hudson. Ainsi se trouve établie une communication par eau à travers le continent, entre la Nouvelle-Orléans et New-York, au moyen de ce canal et de celui qui unit le lac Érié à l'Ohio. Buffalo est l'entrepôt d'un commerce considérable. Le voisinage des chutes y attire un grand nombre d'étrangers pendant la belle saison. Dans un des cinq ou six hôtels de cette petite ville, nous étions plus de cent convives à table d'hôte.

Ces endroits naissants sont presque entièrement bâtis en bois. L'architecture ne manque pas d'une certaine élégance, sans poésie. Tout cela est net, proprement peint. Tout cela paye de mine. Approchez : ce sont des planches blanchies. Le feu y fait souvent de grands ravages. Une partie de Buffalo venait d'être la proie des flammes.

Je me préparais presque avec crainte et tremblement à aller voir un des plus grands spectacles de la nature. On m'avait averti que le coup d'œil était plus beau sur la rive gauche. Je traversai donc le Niagara, un peu au-dessous de Buffalo.

et me trouvai ainsi dans le Canada. Le saut du fleuve est à environ six lieues du lac. Le temps était très-beau. Je voyais de loin le nuage perpétuel qui s'élève au-dessus du gouffre, et je prêtais l'oreille au mugissement de la cataracte. Avant d'arriver, faut-il, me disais-je, que je sois condamné à voir ce magnifique tableau au milieu d'une foule de curieux sans âme, à rencontrer sur les bords, de jolies maisons de bois peintes, et tout l'attirail mesquin du monde civilisé! Que ne puis-je arriver seul, à une époque sauvage encore, devant ce spectacle inattendu! Mais quand j'ai vu, quand je me suis penché sur cet abîme de magnificence et d'horreur, j'ai bien oublié les misères qui m'entouraient; je n'ai vu, je n'ai senti, je n'ai compris que la sublimité de la nature vierge. Qui osera prendre ici le pinceau ou la plume? Il faut contempler et adorer; il faut bercer son âme dans cette musique mugissante, qui se perpétue à travers les siècles.

Pour faire concevoir la frénésie qui m'agitait, voici les folles paroles qui m'échappèrent : J'aimerais mieux être damné que de n'avoir pas vu cela. J'aurais voulu me précipiter avec l'eau, me briser avec elle; il me semblait que c'était le seul moyen de jouir complétement. Car tel est le besoin que nous fait éprouver le vif sentiment de la beauté : nous voudrions nous confondre avec elle, nous l'assimiler comme un élément de notre être.

A l'endroit même de la chute, le fleuve est partagé en deux bras inégaux par Goat-Island (l'île de la Chèvre). Le plus petit, du côté des États-Unis, a environ deux cents mètres de large; l'autre peut avoir une largeur de mille mètres, en suivant le contour profond que décrit la chute. Un quart de lieue avant d'arriver au précipice, le Niagara commence à former des rapides furieux; il déroule sur les rochers sa nappe écumante. La chute perpendiculaire a de cent quarante à cent soixante pieds. On ne peut apercevoir le niveau que loin du lieu où l'eau tombe: un chaos d'écume, d'eau rejaillissante, de vapeurs, où l'arc-en-ciel se joue, voile la partie inférieure des cataractes. On a construit, du côté du Canada, une espèce de tour en bois avec un escalier tournant, pour descendre au bord du fleuve, au-dessous de la chute. On se munit de vêtements en toile cirée, pour approcher du gouffre. A l'admiration succède la terreur. La clarté du ciel est voilée. Des masses énormes de rochers sont suspendues sur ma tête. J'avance entre la muraille de roc et la nappe d'eau. Je ne vois plus rien; je n'entends plus. Je ne me décide à battre en retraite que quand il ne m'est plus possible de respirer; je rejoins mon guide, qui était resté en arrière. Autrefois on pouvait pénétrer beaucoup plus avant dans cet antre effroyable; des éboulements ont rendu cette dangereuse promenade impossible. Le gardien de l'escalier délivre des certificats imprimés aux voyageurs qui, comme moi, se hasardent sous la Table de roc (*Table rock*), au commencement de la chute.

Je traversai le Niagara au-dessous des cataractes, pour contempler cette grande scène sous tous ses aspects divers. Goat-Island communique avec la rive du côté des États-Unis, au moyen d'un pont jeté sur les rapides avec une incroyable hardiesse. Cette île, couverte de bois, suspendue sur l'abîme mugissant, est un admirable séjour : on y trouve aussi un escalier, pour descendre au pied de la grande cataracte. Au-dessus de celle-ci s'avance un petit pont, à l'extrémité duquel on peut se donner des vertiges à loisir. Il y a dans cette île une papeterie et un petit musée de curiosités provenant des sauvages.

J'étais venu en compagnie de quelques autres Français, qui parlaient de retourner le soir même à Buffalo. Je plaidai pour rester une nuit; je voulais m'endormir au bruit des cataractes. Nous nous assurâmes donc un abri dans un grand hôtel qui domine la rive gauche, et où plus de cent voyageurs se disputaient la place. Deux ou trois autres hôtels dans les environs n'étaient pas moins pleins que celui-ci. Sur les murs, sur les rochers, sur les arbres, on voit inscrits les noms de ceux qui sont venus rendre visite au Niagara. Chaque curieux croit ajouter à sa propre importance ou à celle du lieu, en y laissant son nom.

Le lendemain je m'éloignai, je dirai presque sans regrets. Une trop grande exaltation jette promptement l'âme dans l'abattement. Il faut jouir sobrement, même des voluptés intellectuelles.

Je m'embarquai sur le canal d'Érié. A Rochester, ce canal traverse la Genesee sur un pont. M'étant arrêté pendant quelques heures dans cette ville, j'en profitai pour aller voir les chutes que la Genesee forme un peu au-dessous. Il y en a deux principales. Elles sont fort belles. L'une d'elles n'a guère moins de cent pieds. On en parlerait, si elles n'étaient pas si près du Niagara.

Le canal a cent vingt lieues de long; je mis un peu plus de trois jours à le parcourir. Les voyageurs le quittent à Schenectady, et font sur un chemin de fer les derniers milles jusqu'à Albany, capitale politique de l'État de New-York. Là, je m'embarque à bord d'un immense et magnifique bateau à vapeur, et, en descendant à New-York, j'admire les rives pittoresques de la rivière du Nord.

LE VÉSUVE.

Février 1834.

Je connaissais déjà le Vésuve ; j'avais gravi le grand cône où se trouvait l'ancien cratère ; j'avais parcouru le plateau sur lequel s'élève le petit cône, et malgré les représentations d'un guide paresseux, j'avais atteint le sommet de ce petit cône lui-même, qui renferme le nouveau cratère. Celui-ci avait à peine deux cents mètres de large et vingt de profondeur. On pouvait y descendre sans aucun danger ; le fond présentait quelques crevasses, d'où s'échappait un peu de fumée. Quand je revins, la scène était changée ; le Vésuve était en éruption depuis deux mois.

Je monte avec deux Français et un Anglais, par une belle soirée du mois de février. Nous cheminons gaiement sur nos ânes, tantôt à travers de riches campagnes, tantôt dans les anciens fleuves de lave. Nos conducteurs hâtent nos montures paresseuses par maints coups de bâton et par des cris gutturaux, propres aux Napolitains, et puis ils entonnent des chants joyeux. Nous arrivons à l'Ermitage, résidence d'un capucin, qui nous reçoit de son mieux avec du vin de *lacryma Christi*, fait par lui-même. Cette habitation est la plus élevée sur les flancs du Vésuve ; elle ne risque rien dans les éruptions ordinaires ; elle se trouve sur une éminence qui la garantit du passage de la lave.

Nous continuons notre route, et nous arrivons au pied du grand cône. Là nous laissons nos montures, et nous nous mettons à gravir. On a le choix de marcher sur la cendre, dans laquelle on enfonce, ou sur la lave, dont les aspérités déchirent les chaussures et les pieds. La pente est rapide, et il faut se reposer souvent. Les personnes trop faibles ou trop paresseuses se font porter sur une chaise par quatre hommes, ou seulement aider par un homme qui les tire avec une corde.

Quand nous nous arrêtons pour reprendre haleine, nous nous retournons, et le magnifique panorama de la baie de Naples est sous nos yeux. Le soleil s'abaisse derrière Ischia, et ses derniers rayons illuminent admirablement cette scène immense de la mer avec ses îles, ses côtes pittoresques, ses voiles blanchissantes, ses villes étendues au bord des flots.

Cependant un nuage enveloppe la montagne, et nous sommes bientôt plongés dans une nuit profonde. Nous sommes assaillis successivement par la pluie, la grêle et la neige. La foudre éclate autour de nous et mêle son fracas aux détonations du volcan. Le plus prudent de la troupe ordonne une halte. Quelques personnes, au nombre desquelles se trouve une dame, descendent en ce moment du sommet de la montagne et passent à côté de nous. Nous continuons notre ascension, et nous atteignons enfin le grand plateau. Le petit cône est caché par les nuages, et nous ne pouvons voir les éruptions qui agitent la montagne à tout instant.

Nous nous promenons sur ce théâtre de désolation et de mort. Ici, plus rien de vivant. L'homme seul, poussé par je ne sais quel instinct de grandeur ou de fatuité, vient affronter la nature impitoyable. Un vent froid glace nos figures; le sol que nous foulons brûle nos pieds. Des crevasses effroyables nous laissent entrevoir le feu qui gronde dans l'abîme. La vapeur du soufre nous suffoque. Nous nous acheminons vers des monticules que soulève la violence du feu; les morceaux de lave que nous détachons à coups de bâton sont lancés à une hauteur considérable. A quelque distance au-dessous de nous, des fleuves de lave s'échappent des flancs de la montagne.

De loin, ces dangers paraissent affreux, et l'on conçoit peu que des hommes puissent s'y exposer de gaieté de cœur. Arrivés là, guidés par des hommes expérimentés, qui connaissent la topographie du volcan et la marche de ses convulsions, nous ne pensons guère au danger, ou cette idée n'est qu'un aiguillon de plus pour nous. Nous en faisons même un jeu; nos guides ont apporté des pommes, que nous mettons cuire dans le feu du volcan.

Cependant les nuages se déchirent, et le sommet du Vésuve se montre à nous dans sa terrible splendeur. Des masses de matières enflammées, des pierres énormes, sont lancées à plus de mille pieds de hauteur. Ces éruptions se renouvellent une ou deux fois par minute. Nous sommes à peine à trois cents pas du cratère; mais les pierres, lancées verticalement, retombent presque toutes dans le gouffre. Les cendres pourraient être dangereuses pour nous, si le vent ne les emportait d'un autre côté. Nous gravissons sur un mamelon situé au nord du cratère et plus élevé que l'orifice de celui-ci. De là nous dominons l'éruption.

Je voudrais passer la nuit seul ici; car comment jouir complétement d'une telle scène avec des Français qui font cuire des pommes et chantent des morceaux de la Muette de Portici? Il faut être abandonné en face de la nature ennemie et dévorante, il faut soutenir seul la lutte, et alors on sent à la fois toute la misère et toute la grandeur de l'homme. Mais le bon cœur de mes compagnons de voyage ne me permet pas de satisfaire une pareille fantaisie. Il faut redescendre au niveau vulgaire.